독일 낭만주의의 예술비평 개념

독일 낭만주의의 예술비평 개념

Der Begriff der Kunstkritik in der deutschen Romantik

발터 벤야민 지음

심철민 옮김

도서출판 b

| 일러두기 |

1. 이 책은 발터 벤야민의 다음 논저를 완역한 것이다.

   Walter Benjamin, *Der Begriff der Kunstkritik in der deutschen Romantik*, 1920.

2. 번역의 저본으로는, 벤야민의 『전집』*Gesammelte Schriften* I · 1.을 사용하였다. 본문에서 위첨자로 표시된 |12|와 같은 숫자들은 이 저본의 쪽수를 가리킨다.

3. 본문 아래의 각주는 특별한 표기가 없는 한 모두 지은이의 것이며, 옮긴이 주는 별도로 [옮긴이]라고 표시해 두었다.

4. 본문 내의 [ ] 속 문구는 옮긴이가 가독성이나 내용 이해를 돕기 위해 보충한 것이다.

차 례

서론_9

제1부 반성_21

나의 부모님께

무엇보다도…… 분석가는 자신이 실제로 하나의 신비적인 종합에 종사하고 있는가, 그렇지 않으면 그가 몰두하고 있는 것이 [이것저것 그러모은] 단순한 집합이나 [그것들 간의] 비교에 지나지 않는가, 또는 이들 모든 것이 어떻게 하면 변용될 수 있는가 ― 이 점을 연구해야 한다기보다는 오히려 이 점에 주목해야 할 것이다.

―괴테, WA Ⅱ. Abt., 11. Bd., S. 72.

서 론

Ⅰ. 문제설정의 제한

[111]이 논문이 의도하는 것은 예술비평Kunstkritik이라는 개념을 그 변천 가운데서 서술해내는 하나의 문제사적 연구에 기여하는 데 있다. 예술비평 개념의 역사에 대한 이러한 연구는 명백히 예술비평 자체의 역사와는 전혀 다른 것이다. 그것은 하나의 철학적인, 보다 정확히 말하면 하나의 문제사적인[1] 과제이다. 이 논문은 이러한 과제를 해결하기 위한 그저 하나의 기여일 수 있을 따름이다. 왜냐하면 이 논문은 문제사적인 연관 [전체]를 서술하는 것이 아니라 그것

---

1. 문제사적 연구들은 비철학적인 분야에도 관계할 수 있다. 따라서 온갖 애매함을 피하기 위해선 '철학문제사적'이라는 표현이 각인되어야 하며, 위의 표현은 언제 나 이에 대한 하나의 축약어이어야 한다.

의 단지 한 계기인 낭만주의적[2] 예술비평 개념을 서술할 뿐이기 때문이다. 이 계기가 현저한 위치를 점하고 있는 보다 커다란 문제사적 연관에 대해서는 결말에 이르러서야 비로소 부분적으로 암시될 것이다.

예술비평의 개념규정은 미학적 전제들 없이 생각될 수 없을 뿐만 아니라 또한 인식론적 전제들 없이는 생각될 수 없을 것이다. 미학적인 전제들이 인식론적인 전제들을 포함하고 있기 때문만이 아니라 무엇보다도 비평이라는 것이 이미 인식적인 계기를 포함하고 있기 때문에, 비평은 어쨌든 순수한 인식이거나 평가와 결부된 인식으로 간주되기 마련이다. 따라서 말할 필요도 없이, 낭만주의적인 예술비평의 개념규정은 어디까지나 인식론적인 전제들 위에 구축되어 있다. 그러나 그 경우 낭만주의자들이 이 [예술비평] 개념을 의식적으로 이 인식론적인 전제들로부터 획득했다는 의미에서 말하고 있는 것이 아님은 물론이다. 하지만 이 개념 자체는 개념이라고 불리는 이유를 갖는 모든 개념이 결국은 그러하듯이, 인식론적인 전제들을 고수하고 있다. 그러므로 다음의 서술에서는 무엇보다도 우선 이들 인식론적인 전제가 서술되어야 하고, |12|결코 시야에서 놓쳐서는 안 될 것이다. 그와 동시에 이 논문의 관심은 이들 인식론적 전제를 낭만주의적 사유에서의 체계적으로 파악가능한 계기들

---

2. 후기낭만주의는 주지하듯이 예술비평이라는 용어를 이론적으로 대체할 만한 어떠한 통일적인 개념도 알고 있지 않다. 따라서 항상 오로지 또는 우선적으로 초기낭만주의와 관계되는 이러한 논의맥락에서, 단순히 '낭만주의적romantisch'이라는 표현은 애매성의 위험 없이 사용될 수 있다. 이 점은 본 논문에서 '낭만주의Romantik'와 '낭만주의자Romantiker'라는 용어를 사용할 때에도 마찬가지이다.

로서 겨냥하고 있는 것이며, 이것들을 낭만주의적 사유 속에서 일반적으로 짐작되고 있는 것보다 한층 더 높은 정도와 의미에서 제시하고자 한다.

하나의 문제사적 연구이자 확실히 그 자체로서는 체계정향적인 연구인 이하의 서술을, 예술비평 개념에 대한 순수 체계적인 연구로부터 확연히 구별짓는 일은 거의 불필요하다. 이에 비해, 이와는 다른 두 한계규정, 즉 철학사적인 문제설정과 역사철학적인 문제설정에 대해서 구별을 수행하는 편이 더한층 필요할 것이다. 문제사적인 연구를 좁은 의미의 철학사적 연구라고 부를 수 있는 것은 지극히 비본래적인 의미에서일 뿐이다. 그리고 개개의 사례들에서는 이 양자의 경계는 필연적으로 소실될지도 모른다. 왜냐하면 본래적인 철학사 전체가 동시에 또한 그 자체로 ipso facto 단 하나의 문제의 전개라는 것은 여하튼 간에 하나의 형이상학적인 가정이기 때문이다. 문제사적 서술이 철학사적 서술과 대상적인 측면에서 여러모로 뒤얽혀있는 것은 자명하다. 또한 방법적으로도 그렇다고 한다면, 이는 그 경계의 위치가 거듭 옮겨지는 것을 뜻한다. —— 이 논문은 낭만주의를 다루는 것이기 때문에, 이 이상으로 또 하나의 경계설정이 불가결하다. 낭만주의의 역사적인 본질을 서술하려고 하면서 지금까지 불충분한 수단을 가지고 자주 행해져왔던 시도는 본 논문에서는 수행되지 않는다. 달리 말하면, 역사철학적인 문제설정은 여기에서는 관련되지 않는다. 그럼에도 불구하고 지금부터 고찰되는 몇 가지 제안, 특히 프리드리히 슐레겔의 사유의 고유한 체계구성과 초기낭만주의의 예술이념에 관한 제안은 하나의 본질규정을 위해서도 논의의 재료를 —— 관점[3]을 제공하는 것은 아니지만 ——

제공하게 될 것이다.

[13] '비평Kritik'이라는 술어를 낭만주의자들은 여러 가지 의미로 사용하고 있다. 이하의 고찰에서 문제가 되는 것은 예술비평으로서의 비평이지, 인식론적 방법이나 철학적 입장으로서의 비평이 아니다. 추후 살펴보겠지만, 당시 이 말은 칸트와 연관되어 후자의 의미로까지 높여져 있었다. 그것은 비할 데 없이 완벽한 철학적 입장을 나타내는 비교적秘教的인 술어였다. 그렇지만 일반적인 용법에서의 이 말은, 근거지어진 가치판단이라는 의미로서만 그 뜻을 관철하고 있었다. 이는 아마도 낭만주의의 영향 없이는 생각될 수 없을 것이

••

3. 이 관점은 낭만주의적 메시아주의 속에서 찾아져야 할 것이다. "신의 나라를 실현하고자 하는 혁명적인 소망이야말로 전진적인 형성의 탄성적인 지점이며, 또한 근대 역사의 발단이다. 신의 나라와 전적으로 무관한 것은 근대 역사에서는 부차적인 사항에 지나지 않는다"(Athenäum 222). [인용된 문헌의 약호 및 서지사항은 이 책 맨 뒤의 '인용된 논저 목록'에 밝혀두었다]. —— "종교에 대해 말한다면, 친애하는 친구여, 지금이야말로 하나의 종교를 세워야 할 때라는 것은 우리에게 결코 농담이 아니라 지극히 엄중하게 심각한 것이지요. 그것은 모든 목적의 목적이자 중심점이라네. 그래, 나에게는 이미 새로운 시대의 이처럼 가장 위대한 탄생이 시작하려고 하는 게 보이는군. 그것은 고대 그리스도교의 경우와 같이 조심스럽고도 소극적인 태도였지만, 사람들은 고대 그리스도교가 머지않아 로마제국을 집어삼키리라고는 생각지도 못했고, 또한 저 커다란 파국이 그보다 광대한 영역에서 프랑스혁명을 삼키게 되리라는 것도 깨닫지 못했었지요. 이 프랑스혁명의 가장 견실한 가치는 아마도 저 대파국을 일으키도록 자극했다는 데에만 존재하는 듯합니다."(Briefe 421, 또한 슐레겔의 「이념들」Ideen 50, 56, 92, 노발리스의 Briefwechsel 82 이하 및 이들 양자의 그 외 많은 구절들도 참조할 것.) —— "무한 가운데서 실현되는 완전한 인간성의 이상이라는 사고는 거부되고, 오히려 '신의 나라'가 이제 이 시간 속에서 이 지상에 요청된다. …… 현존재의 각 시점에서의 완전성, 생의 각 단계에서 실현되는 이상, 이 정언적 요구로부터 슐레겔의 새로운 종교는 탄생한다."(Pingoud 52 f.)

다. 왜냐하면 어떤 철학적 비판주의의 정초가 아니라 예술작품의 비평의 정초야말로 낭만주의의 영속적 업적 중 하나였기 때문이다. 비평 개념이 보다 정확하게는 예술이론과 관련되는 범위 내에서만 논구되는 식과 마찬가지로, 예술이론의 편에서도 낭만주의 예술이론은 단지 저 비평개념[4]을 서술하는 데 중요하다고 생각되는 한에서만 추구되어야 한다. 이 점은 소재 영역의 매우 본질적인 제한을 의미한다. 즉 예술적 의식이나 예술적 창조에 관한 이론, 예술심리학적인 문제설정은 여기에서는 다루어지지 않으며, 예술이론에 관해서는 다만 예술의 이념 및 예술작품의 이념이라는 개념만이 고찰의 시야권 내에 남게 된다. 프리드리히 슐레겔이 행하고 있는 예술비평 개념의 객관적인 정초는 이념으로서의 예술의 객관적 구조와 작품으로서의 예술적 형성물의 객관적 구조에만 관계된다. 더 나아가 그가 예술에 관해 말할 때는 무엇보다도 포에지Poesie를 염두에 두고 있으며, 여기에서 문제가 되고 있는 시대에서 그는 거의 단지 포에지를 고려해서만 다른 여러 예술에 몰두했던 것이다. 그에게는 포에지의 근본 법칙성은, [14]그가 이 문제 일반을 염두에 두고 있었던 한에서, 아마도 모든 예술의 근본법칙으로 생각되었다. 이러한 의미에서 이하에서는 '예술Kunst'이라는 표현 하에서는 항상 포에지Poesie가, 그것도 여러 예술의 중심적 위치를 점하는 것으로서 생각되며, '예술작품'이라는 표현 하에서는 개개의 창작Dichtung이 생각될

---

4. 방금 위에서 말한 바에 따라, 이하의 논의에서는 설령 예술이론과의 연관이 특별히 밝혀져 있지 않더라도 단순히 '비평'이라는 용어 자체를 예술작품의 비평으로서 이해하기로 한다.

것이다. 만일 본 논문이 그 틀 내에서 이 양의성兩意性을 제거하려고 한다면, 그것은 잘못된 관념을 주게 될 것이다. 왜냐하면 이 양의성이야말로 포에지 내지는 예술 일반에 대한 낭만주의 이론의 하나의 원칙적인 결함을 나타내는 것이기 때문이다. 양 개념[예술과 포에지]은 서로 명료하게 구분되어 있지 않으며, 더욱이 포에지적 표현의 특성에 관한 인식이나 또는 다른 여러 예술표현과 구별되는 포에지적 표현의 경계에 관한 인식이 형성될 수 없었을 정도로 이 양개념이 서로 밀접한 관계를 이루고 있다.

이러한 문제연관에서 보자면, 문학사적 사실로서의 낭만주의자들의 예술판정이 본 논문의 관심사는 아니다. 왜냐하면 낭만주의적 예술비평 이론은 가령 A. W. 슐레겔의 방식과 같은 실천으로부터 끌어내어서는 안 되고 예술에 대한 낭만주의 이론가들에 따라서 체계적으로 서술되어야 하기 때문이다. A. W. 슐레겔의 비평 활동은 그 방법에서는 그의 동생이 파악하고 있었던 비평 개념과는 거의 관계가 없다. 이 동생의 비평 개념은 형인 A. W. 슐레겔과는 달리, 비평 활동의 중심을 여러 척도 속으로가 아니라 다름 아닌 방법 속으로 옮겼던 것이다. 프리드리히 슐레겔 자신은 괴테 소설에 대한 비평인 동시에 비평의 이론으로도 존재하고 있는 『빌헬름 마이스터』에 대한 저 평론[5] 속에서만, 비평에 대한 자신의 이상을 완전히 부합시킬 수 있었다.

· ·
5. [옮긴이]프리드리히 슐레겔의 『특성묘사와 평론』(1796-1801)에 실려 있는 「괴테의 마이스터론」을 가리킨다.

Ⅱ. 문헌들

이하에서는 낭만주의적 예술비평 이론으로서 프리드리히 슐레겔의 이론이 서술된다. 이 이론을 낭만주의적 이론으로서 특징짓는 것의 정당성은 그 대표적인 성격에 기인한다. 이는 초기낭만주의 시인들이 모두 그의 이론에 동의하고 있었다거나 혹은 그의 이론에만 주목하고 있었다는 것은 아니다. 오히려 프리드리히 슐레겔은 그의 친구들에 의해서조차 이해되지 않고 있었다. 그러나 예술비평의 본질에 대한 그의 견해는 이에 대한 이 유파 사람들 자신의 발언과 다를 바 없다. 그는 문제적이자 철학적인 대상으로서의 이 대상을 자신의[15] —— 비록 그의 유일한 대상은 아니지만 —— 가장 고유한 대상으로 삼았다. A. W. 슐레겔에게는 예술비평이 철학적인 문제는 아니었다. 이 서술을 위한 좁은 의미의 전거로서는 프리드리히 슐레겔의 저작과 함께 노발리스의 저작만이 고찰된다. 반면 피히테의 초기 저작들은 낭만주의적 예술비평 개념 자체를 위해서가 아니라 단지 그것의 이해를 위해 불가결한 문헌이다. 노발리스의 저작을 슐레겔[6]의 그것과 관계시키는 것은 예술비평의 이론에서의 여러 전제와 귀결에 대한 양자의 완전한 일치라는 사실에 의해 충분히 그 정당성이 입증된다. 노발리스는 이 문제 자체에는 별로 관심을 보이지 않았지만, 슐레겔이 이 문제를 다루면서 기초를 두고 있었던 인식론적인 전제들을 슐레겔과 공유하고 있었으며, 예술에 대한

· · ·

6. 이하에서 '슐레겔'이라고만 표기되어 있을 때에는 항상 프리드리히 슐레겔을 가리킨다.

이 이론의 여러 귀결을 슐레겔과 더불어 지지하고 있었다. 노발리스는 이 전제와 귀결을 독자적인 인식신비주의^{Erkenntnismystik}와 중요한 산문이론이라는 형태로, 때로는 그의 친구보다 더한층 예리하고 또한 많은 시사점을 주면서 공식화했다. 동갑인 이 두 친구들은 1792년, 스무 살 때에 서로 알게 되었지만, 1797년부터 아주 빈번히 교류하였으며, 그런 가운데서 서로의 작업에 대해서도 알게 되었다.[7] 이 긴밀한 공조 때문에, 두 사람 사이의 상호영향을 검토하는 것은 거의 불가능하다. 물론 당면한 문제설정에 있어서는 이러한 탐색은 전적으로 불필요한 일이다.

노발리스라는 증인이 지극히 높게 평가될 수 있는 이유는, 프리드리히 슐레겔과 비견해볼 때 그에 대한 서술은 어떤 곤란한 상황에 처하기 때문이다. 그의 예술비평은 물론이고 그의 예술이론도 매우 결정적으로 인식론적인 전제들에 기초를 두고 있는 것이어서, 이들 전제를 알지 않고서는 그의 예술이론은 이해되지 않은 채로 남게 된다. 이는, 프리드리히 슐레겔이 1800년경까지 『아테네움』[8]에 본고의 주요전거를 이루는 논저들을 발표했을 때에, 적확한 인식론적 대결이 기대될 만한 어떠한 철학체계도 비축해두지 않았던 사실과는 대조적이다. 『아테네움』에서의 여러 단편이나 논문들에서의 인식론적인 전제들은 오히려 지극히 밀접하게 논리를 무시한 미적인 규정들로 |16|이어져 있으며, 따라서 이것들로부터 벗어나고 분리시

* *
7. "내 마음속에는 그대의 공책이 줄곧 떠나질 않는다네."(Briefwechsel 37).
8. [옮긴이]초기낭만주의의 기관지(1798-1800). 프리드리히 슐레겔이 형 아우구스트 빌헬름과 함께 창간하여 낭만주의 운동을 고취하는 많은 철학 이념들을 창안했다.

켜 서술하는 것은 매우 곤란하다. 슐레겔은 적어도 이 시기에는, 자신의 사유와 이념의 전체 운동을 둔중한 상태 속에 두지 않고서는 어떠한 생각도 표현할 수 없었던 셈이다. 슐레겔의 사상 전체에서의 인식론적인 견해들의 이러한 응축과 속박, 그리고 그것들의 역설과 대담함은 상호 간을 강화시키고 있었을지 모른다. [하지만] 비평개념을 이해함에 있어서는 이 같은 인식론의 해명과 격리, 그것의 순수한 서술이 불가결하다. 이에 관해서는 본 논문의 제1부가 할애된다. 그리고 설령 이 같은 작업이 어렵다고 할지라도, 연구로부터 획득된 결과의 올바름이 보증되는 법정에서는 아무런 부족함도 없다. 예술이론 및 예술비평을 향한 상론을 위해서는 저 인식론적인 전제들 없이는 애매함과 자의성의 외관을 결코 불식시킬 수 없다는 내재적인 기준을 도외시하고자 할지라도, 제2의 것으로서 노발리스의 단편이 아직 남아 있으며, 반성이라는 노발리스의 인식론적 근본 개념 위에서는 슐레겔의 인식론이 두 사상가 간의 지극히 두드러진 보편적 이념의 친근성에 따라 무리 없이 관계지어질 수 있음에 틀림없다. 또한 보다 면밀하게 고찰할 경우, 슐레겔의 인식론은 사실 노발리스의 근본개념과 합치한다. 그러나 다행스럽게도 슐레겔의 인식론에 대한 이 탐구는 그의 단편만을 일차적인 전거로 삼지는 않는다. 즉 본 논문의 탐구는 보다 광범한 기반을 고찰의 대상으로 삼는다. 그러한 기반이란 흔히 그 편자의 이름으로 불리는 프리드리히 슐레겔의 빈디쉬만[9] 강의이다. 1804년부터 1806년에 걸쳐 파리와

. .

9. [옮긴이]빈디쉬만Karl Joseph Hieronymus Windischmann(1775-1839)은 독일 본Bonn
   대학의 철학 및 의학교수로, 프리드리히 슐레겔의 쾰른대학이나 파리대학에서의

퀼른에서 행해진 이들 강의는 분명 가톨릭적 복고철학[10]의 이념에 의해 완전히 지배되고는 있지만, 슐레겔이 낭만파의 퇴조로부터 자신의 후년의 생의 작업 속으로 구제해낸 그러한 사상적 주제들을 담고 있다. 이들 강의에 나타난 사상의 요체들이 결코 독창적인 것은 아니라 할지라도 슐레겔에게는 새로운 사상이다. 인간성, 윤리, 예술에 관한 이전의 그의 의견은 그 자신에게는 극복된 것으로 보인다. 그러나 그의 과거의 인식론적 견지는 여기에서 비록 수정되고는 있지만 최초로 명료하게 나타나고 있다. 슐레겔의 인식론의 근본사상이기도 한 반성개념은 18세기의 90년대 후반에 이르기까지 그의 (17)저서들 내에서 추적될 수 있지만, 이 개념은 그 풍부한 규정들에 의해 이들 강의 속에서 비로소 명시적으로 전개되고 있는 셈이다. 이들 강의에서 슐레겔은 명확히, 인식론을 구비한 하나의 체계를 제공하고자 했다. 바로 이 인식론적인 근본명제들이 슐레겔의 중기와 후기 관계의 정적靜的이면서 긍정적인 구성요소를 제시하고 있다고 주장하더라도 과언은 아니다 — 이 경우 그의 발전의 내적인 변증법은 동적이면서 부정적인 구성요소로서 생각되어야 할 것이다. 이들 근본명제는 슐레겔 자신의 발전에 있어서도 그리고 일반적으로 초기낭만주의로부터 후기낭만주의로의 이행에 있어서도 중요하다.[11] 덧붙여 말하면, 이하의 논술은 빈디쉬만 강의의 전체

• •

  철학강의(1804-1806)를 그의 사후에 정리하여 출판했다(1836-37).

10. [옮긴이]프랑스혁명에 대한 반동으로서, 가톨릭교회의 정치적 부흥과 결부되어 일어난 철학적 흐름을 말한다.

11. 엘쿠스는 『낭만주의의 평가와 낭만주의 연구의 비판을 위하여』라는 중요한 유작에서 프리드리히 슐레겔의 후기와 후기낭만주의자들의 이론이 낭만주의

적 상을 그릴 수 있는 것도 아니고 또 그리려고 하는 것도 아니며, 그 강의들의 사상권 내에서 본 논문의 제1부를 위해 중요한 한 가지 사항만을 고려에 넣고 있다. 이리하여 이들 강의가 이 서술 전체에 대해 맺는 관계는 피히테의 저작들이 다루어질 때의 관계와 동일하다. 이 양자[빈디쉬만 강의와 피히테의 저작]는 제2차적인 전거이지만, 동시에 주요전거, 즉 『뤼체움』*Lyceum*[12], 『아테네움』, 『성격묘사와 비평』*Charakteristiken und Kritiken*[13]에 게재된 슐레겔의 작품들 및 직접 예술비평의 개념을 규정하고 있는 노발리스의 단편의 이해에도 도움이 된다. 그리스인과 로마인의 시에 관한 슐레겔의 초기 저작은, 그의 예술비평 개념의 생성이 아니라 이 개념 자체를 서술하는 이 문제연관 내에서는 단지 기회 있을 때에만 언급될 뿐이다.

．．

의 전체상 연구에 있어 얼마나 중요한가를 원리적인 고찰에 의해 증명했다. "…… 지금까지와 같이, 대체로 이 낭만주의자들의 초기에 신경을 쓰는 한에서 그리하여 일반적으로 그들이 어떠한 사상을 그들의 적극적인 활동시기 속으로 구제해냈는가라는 것을 거의 묻지 않는 한, 그들의 역사적 업적을 이해하고 평가하는 가능성은 존재하지 않을 것이다"(Elkuß 75). 그러나 엘쿠스는 낭만주의의 청년기 이념들의 성과를 이미 그것만으로 엄밀하게 또한 적극적인 것으로서 규정하려고 하는 시도에 대해서는 회의적인 태도를 취했던 것으로 보인다. 그렇지만 낭만주의자의 후기를 고려하는 것에 의해서일지라도, 이 점이 어쨌든 가능하다는 것을 본 논문은 그 범위 내에서 증명할 수 있다고 생각한다.

12. [옮긴이]프리드리히 슐레겔은 1795년에 음악가이자 문학가였던 라이히하르트J. F. Reichhardt(1752-1814)와 알게 되는데, 1797년에는 라이히하르트의 잡지 『아름다운 예술들의 뤼체움』*Lyceum der schönen Künste*에 협력하며, 슐레겔의 레싱론이나 포르스터Georg Forster론이 처음 발표되었던 것도 이 뤼체움이라는 잡지이다. 물론 '뤼케움'이라는 말은 본디 아리스토텔레스가 세운 아카데미아에서 비롯되었다.

13. [옮긴이]1801년에 출판된 슐레겔 형제의 논문집. 그때까지 쓰여진 평론을 대부분 수록하고 있다.

제1부

반성

Ⅰ. 피히테에서 반성과 정립

[18]자기의식 내에서 자기 자신에 대해 반성하는 사유라 함은 하나의 근본사실Grundtatsache로서, 프리드리히 슐레겔은 물론이고 노발리스의 경우도 대체로 이 근본사실로부터 인식론적 숙고를 전개하고 있다. 반성 속에 현존하고 있는, 사유가 자기 자신과 맺는 관계는 일반적으로 사유에 가장 가까운 관계로 간주되며, 다른 모든 관계는 이 관계로부터 전개된다. 슐레겔은 『루친데』Lucinde[1]에서 다음과 같이 말한다. "사유는 자기 자신 바로 다음으로는, 자신이 무한히 사유할 수 있는 점에 관해 사유하는 것을 가장 좋아한다는 특성을 갖고 있다."[2] 이 경우 동시에 이해되고 있는 것은, 사유는 자기 자신을

• •
1. [옮긴이]1799년에 발표된 프리드리히 슐레겔의 소설. 편지 형식이라든가 비망록, 감상, 자전적 단편 등의 집적으로서, 낭만주의의 생활 이상을 노골적으로 묘사하고 있는 점에서 흥미로운 작품이다.
2. Lucinde 83.

성찰함에 있어서는 끝이라는 것이 결코 있을 수 없다는 점이다. 반성은 초기낭만주의자들의 사유에서의 가장 빈번한 유형이다. 이 명제의 전거로서는 그들의 여러 단편들을 참조할 필요가 있다. 낭만주의적 사유에 매우 잘 적용될 수 있는 모방, 작풍^{Manier}, 양식^{Stil}이라는 세 형식은 반성개념 속에서 분명히 발견된다. 반성개념은 때로는 피히테의 모방(무엇보다도 초기 노발리스의 경우처럼)이고, 때로는 작풍(예를 들면 슐레겔이 자신의 독자에 대해 '이해하는 것을 이해하라'[3]는 요구를 하는 경우)이지만, 그러나 반성이란 무엇보다도 우선 초기낭만주의자들이 자신들의 지극히 깊은 통찰을 자의적으로가 아니라 필연성을 가지고서 말로 나타내고 있는 사유의 양식^{Stil}인 것이다.[4] "낭만주의적 정신은 자기 자신에 대해 공상하는 것을 흡족해하는 것으로 보인다"[5]라고 슐레겔은 티크의 『슈테른발트』 *Sternbald*[6]에 대해 말하고 있다. 그리고 이 낭만주의적 정신은 초기낭만주의의 예술작품에서만이 아니라, 보다 엄밀하고 보다 추상적으로이긴 하지만 특히 초기낭만주의의 사유에서도 이 점을 수행하고 있다. 실제로 공상적인 한 단편에서 노발리스는 현세의 존재 전체를 정신들의 자기 자신에로의 반성으로서 해석하고, 현세에서 생활하는 인간을 |19| '저 원초적 반성의' 부분적인 해소 내지 '돌파'[7]로서

• •

3. Jugendschriften II, 426.

4. 낭만주의자들과 관련하여 이 양식이라는 용어가 어떻게 사용되고 있는가는 Elkuß의 책 45쪽을 참조할 것.

5. Athenäum 418.

6. [옮긴이]L. 티크의 최초의 참된 낭만적 소설 『프란츠 슈테른발트의 편력』*Franz Sternbalds Wanderungen*(1798). 미완성 작품으로서 괴테의 『빌헬름 마이스터』를 본뜬 것이지만, 프리드리히 슐레겔로부터 격찬을 받았다.

해석하고자 시도한다. 또한 슐레겔은 빈디쉬만 강의에서, 자신이 오래전부터 알고 있었던 저 원리를 다음과 같은 말로 정식화하고 있다. "자기 자신 속으로 돌아가는 활동의 능력, 자아가 자아일 수 있는 능력이 사유이다. 그러한 사유는 우리 자신 외에는 어떠한 대상도 갖지 않는다."[8] 그러므로 여기에서는 사유와 반성은 동일시 되고 있다. 이는 그러나, 반성 속에 주어져 있는 저 무한성, 즉 사유가 자기 자신을 사유하는 것 이상의 자세한 규정이 없기 때문에 그 가치가 불확실한 것으로 보이는 저 무한성을 사유에 대해 확보할 뿐인 것으로 끝나지 않는다. 오히려 낭만주의자들은 사유의 반성적인 본성 속에 사유의 직관적인 성격이 보증되어 있음을 목격했다. 철학의 역사가 칸트에서, 비록 최초는 아니지만 그러나 지극히 명확하고 강력하게, 예지적 직관intellektuelle Anschauung의 사유가능성과 동시에 경험의 영역에서의 예지적 직관의 불가능성을 주장하자마자, 이 예지적 직관의 개념을 철학에 대해 그 최고 요구들의 보증으로서 다시 한 번 되찾으려고 하는 열광적일 정도의 다양한 노력들이 나타난다. 이 노력은 그 첫 대열로, 피히테, 슐레겔, 노발리스 및 셸링[9]으로부터 시작되었다.

피히테는 이미 학문론[10]에 관한 자신의 최초의 초안(『학문론의

· ·
7. Schriften 11.
8. Vorlesungen 23.
9. [옮긴이]셸링F. W. J. Schelling(1775-1854)은 피히테, 헤겔과 함께 독일 관념론을 대표하는 철학자이다. 15세 때 입학한 튀빙겐 신학교에서 헤겔과 교유했으며, 1798년 예나대학교 교수로 초빙된 이후에도 피히테와 서신교환으로 격렬한 논전을 벌였다. 예나대학 재직 시 저술한 그의 여러 자연철학 저작들은 당시 낭만주의 서클에도 커다란 영향을 미쳤다.

개념 또는 이른바 철학의 개념에 관하여』, 바이마르 1794년)[11]에서, 반성적 사유와 직접적 인식 간의 교호적인 융합상태로 육박하고 있다. 후자의 직접적 인식이라는 표현은 이 저작에서는 아직 발견되지 않는다고 할지라도, 그는 사실상 아주 명료하게 이 표현을 시사하고 있다. 낭만주의적인 반성개념에 있어서 이는 대단히 중요하다. 여기에서 우리는 낭만주의적인 반성개념과 피히테의 그것의 관계를 상세히 해명할 필요가 있다. 전자가 후자에 의존해 있는 것은 확실하지만, 그것만으로는 당면한 목적에 대해 충분하지는 않다. 여기에서는 초기낭만주의자들이 어느 지점에서 피히테와 결별했는가를 확실히 인식하기 위해, 그들이 어디까지 피히테를 따르고 있는가를 정확히 아는 것이 중요하다.[12] 양자의 분기점은 [20]철학적으로

· ·

10. [옮긴이]피히테J. G. Fichte(1762-1814)는 칸트에게서 아직 통일되지 못한 이론이성과 실천이성을 오로지 후자에 중점을 둠으로써 통일적으로 파악하고자 한 실천적, 주관적 관념론을 펼쳤으며, 근대적 자아를 자율적인 형이상학적 원리로까지 고양시켰다. 그에게서 '학문론Wissenschaftslehre'이란 지식의 근본원리, 방법, 전제 등을 밝히는 학을 뜻한다. 이 경우의 '지식Wissen'이라는 것은 상식 및 특수과학의 지식들로서, 이 양자 속에 작용하고 있으면서 양자의 입장이 알지 못하는 의식의 구조를 명확하게 하는 것이 그의 철학의 입장이다. 그러한 '지知의 지知'라는 자기의식의 입장을 통해, 초기의 피히테는 '절대아絶對我' 및 이 순수한 '자아'의 작용과 자아 자신에 반대하는 것으로서 정립된 '비아非我'의 대립의 통일이라는 변증법에 의해 세계 전체를 설명하는 관념론을 확립하였다. 이 창조적인 자아의 철학은 슐레겔이나 노발리스에게 강력한 영향을 끼쳤다.

11. [옮긴이]J. G. 피히테, 『학문론 또는 이른바 철학의 개념에 관하여』, 이신철 옮김, 철학과현실사, 2005.

12. 피히테와 프리드리히 슐레겔의 관계에 대해 하임Haym은 이렇게 말한다. "이렇듯 이념적으로 풍요로운 시대에 과연 그 누가 개개 사상들 간의 연원관계나 정신들의 소유권을 규정하고자 하겠는가?"(264). 이러한 맥락에서 보더라도 중요한 문제는 여하튼 간에 명백한 연원관계를 보다 면밀히 규정하는 일이 아니라

확정될 수 있는 것이지만, 그것은 학문적인 사상가이자 철학자인 피히테로부터의 예술가의 이반이라는 것에 의해서만 특징지어지거나 근거지어질 수 있는 것은 아니다. 왜냐하면 낭만주의자들의 편에서도, 이 분리에 대한 철학적인, 아니 인식론적인 몇 가지 동기가 그 근저에 놓여있기 때문이다. 낭만주의자의 예술이론 및 비평의 구축 또한 바로 이들 동기 위에 의거하고 있는 것이다.

직접적 인식이라는 문제에서는 초기낭만주의자들과 『학문론의 개념』에서의 피히테의 입장 간의 완전한 일치가 여전히 확인될 수 있다. 피히테는 후에는 그러한 입장에서 벗어나 있었으며, 이 저작에서와 같이 낭만주의적 사유와의 친밀한 체계적 유사성 속에 서 있었던 적은 두 번 다시는 없었다. 이 저작에서 그는 반성을 어떤 형식의 반성으로서 규정하고, 그러한 방식으로 반성 속에 주어져 있는 인식의 직접성을 증명하고 있다. 그 경우, 그의 사고과정은 다음과 같다. 학문론은 내용만이 아니라 하나의 형식도 지닌다. "학문론은 어떤 것에 관한 학문이지, 이 어떤 것 자체는 아니다." 학문론이 어떤 것에 관한 학문이라 할 때의 그 어떤 것은 "지성Intelligenz의 필연적 행위"이다. 그 행위는 정신 속에 있는 모든 대상적인 것에 앞서 있고, 이 대상적인 것의 순수한 형식인 바의 행위이다.[13] "그런데 여기에, 어떤 가능적 학문론의 질료 전체가 있는 것이지만, 그러나 이 학문 자체가 있는 것은 아니다. 이 학문을 완성하려면, 저

• •

양자의 사상영역 간의 그동안 경시되어온 중요한 차이들을 나타내 보이는 일이다.

13. Fichte 70 f. 참조.

모든 행위의 어느 것에도 포함되지 않은 인간적 정신의 어떤 행위, 즉 인간적 정신의 행위 방식 일반을 의식에까지 높이는 행위가 또한 그 위에 필요하다. …… 그런데 이 자유로운 행위에 의해, 그 자체가 형식인 것, 즉 지성의 필연적인 행위가 내용으로 여겨지고, 어떤 새로운 형식, 즉 지식 또는 의식의 형식 속으로 받아들여진다. 따라서 저 행위는 반성이라는 행위이다."[14] 그러므로 반성이란 하나의 형식에로 변화시키는── 그리고 바로 그러한 변화 이외에 다른 아무 것도 아닌── 반성작용das umformende Reflektieren auf eine Form이라는 의미로 이해된다. 동일한 저작에서 피히테는, 다른 문제연관에서이긴 하지만 그러나 엄밀하게는 같은 의미에서, 앞서 다음과 같이 정식화하고 있다. |21| "자유의 행위Handlung에 의해 형식은 이 형식 자신을 내용으로 삼는 형식이 되고, 그리하여 자기 자신 속으로 되돌아가는바, 이러한 자유의 행위는 반성이라 불린다."[15] 이 진술은 대단히 주목할 만하다. 분명히 여기에서는 직접적 인식이라는 것의 규정과 정당화가 시도되어 있는 것이며, 이 시도는 피히테가 후에 지성적 직관에 의해 직접적 인식의 정초를 수행했던 것과는 다르다. 직관이라는 말은 이 논문에서는 아직 나타나 있지 않다. 그러므로 여기에서 피히테는 어떤 직접적이고 확실한 인식은, 서로 상대방 속에로 이행하며 또한 자기 자신 속에로 되돌아가는 두 의식형식 (즉 '형식'과 '형식의 형식' 또는 '지知'와 '지의 지')의 연계에 의해 근거지어질 수 있다고 생각하고 있다. 자유의 행위만이 관계하는

• •
14. Fichte 71 f.
15. Fichte 67.

절대적 주체가 이 반성의 중심점이며, 또한 그런 이유에서 직접적으로 인식될 수 있는 것이다. 문제가 되고 있는 것은 직관에 의한 대상의 인식이 아니라 방법, 즉 형식적인 것의 자기인식 —— 이것이야말로 절대적 주체를 대표하고 있다 —— 이다. 서로 상대방 속으로 이행하고 있는 이 두 의식형식이 직접적 인식의 유일한 대상이다. 그리고 이 이행이, 저 직접성이라는 것을 근거짓고 설명할 수 있는 유일한 방법이다. 근원적인 신비적 형식주의를 동반한 이 인식론은 후에 명확하게 되듯이 초기낭만주의의 예술이론과 지극히 깊은 유사성을 지니고 있다. 초기낭만주의는 이 인식론을 고수하며, 그리고 그들은 이 인식론을 피히테의 지시를 훨씬 넘어서 형성하고 있었다. 반면 피히테의 그 이후의 저작들에서는 인식의 직접성이란 인식의 직관적 본성에 기반을 두게 되었다.

낭만주의가 자신의 인식론을 반성개념 속에 근거지었던 것은, 이 반성 개념이 단지 인식의 직접성을 보증했기 때문만이 아니라, 이 개념이 또한 인식과정이 지닌 독자적인 무한성을 보증했기 때문이기도 했다. 반성하는 사유는, 모든 선행하는 반성을 그것에 뒤따르는 반성의 대상이 되게끔 한다는 그 비완결성에 의해, 이 무한성을 위한 어떤 특별한 체계적 의미를 획득했다. 피히테도 또한 사유의 이 주목할 만한 구조에 관해 자주 언급한 바 있다. [하지만] 이 구조에 관한 피히테의 견해는 낭만주의의 그것과 대립해 있거니와, 이 같은 점은 한편으로 낭만주의적인 견해의 간접적인 특성서술에 있어 [2] 중요하며 다른 한편으로는 초기낭만주의의 철학적 정리定理가 대체로 피히테에 의존해 있었다고 하는 견해에 대해 정당한 한계를 부여하기 위해서도 유용하다. 피히테는 도처에서 자아의 작용의 무한성을 이론철학의 영역으로부터 배제하고 이것을 실천철학의 영역에로 몰아넣고자 노력하고 있다. 이에 반해 낭만주의자 측은 이 무한성을 다름 아닌 이론철학에 대해, 그리하여 또한 그들의 전체 철학 일반에 대해—— 어쨌든 프리드리히 슐레겔은 실천철학에 전혀 흥미를 나타내지 않았다—— 그 본질을 규정하도록 하고 있다. 피히테는 자아의 이처럼 무한한 두 가지 활동방식, 즉 반성활동Reflexion 이외에 또한 정립활동das Setzen[16]을 알고 있다. 피히테의 사행事行 Tathandlung[17]은 명백히 자아의 이 두 가지 무한한 활동 방식의 결합으로서 파악될 수 있는 것으로, 이 결합 속에서 양 활동은 각각의 순수하게 형식적인 본성, 그것들의 공허함을 서로 충전하고 규정하려고 하는 것이다. 즉 사행은 하나의 정립적인 반성 혹은 반성적인 정립이다. 그것은 "······ 정립하는 것[작용]으로서의 자기정립이며, ······ 결코 단순한 정립은 아니다"[18]라고 피히테는 정식화한다. 이 용어[반성과 정립]는 각각 상이한 것을 의미하고 있고, 양자는 철학사에 있어 대단히 중요한 술어이다. 반성개념이 초기낭만주의

..

16. [옮긴이]피히테의 학문론의 용어. 피히테에 따르면, 자아가 존재하는 것은 자아가 자신의 존재를 '정립한다setzen'라는 것이다. 즉 자아가 우선 존재하고 있어 그것이 활동한다는 것이 아니라, 자아는 활동하면서 자기를 산출하는 것이다. 자아란 순수한 활동 자체이다.

17. [옮긴이]사실Tatsache의 근저를 사행Tathandlung이라고 부른다. 피히테가『전체 학문론의 기초』(1794)에서 순수 자아를 표현할 때 사용한 독특한 용어이다. 자아에서는 행위Handlung와 그것에 의해 산출된 사事/Tat가 동일하다는 것을 나타낸다. 이것은 또한 전방으로 나아가는 자아의 정립활동이 거꾸로 근원적 방향으로 되돌아가는 반성활동과 하나로 결합되어 있음을 의미한다. 여기서 벤야민은 후자의 의미에 주목하여 논하고 있다.

18. Fichte 528. [옮긴이]『학문론의 새로운 서술의 시도』(1797)에서의 인용.

철학의 기초가 되어 있는 데 비해, 정립의 개념은──반성개념과 관계없는 것은 아니지만──헤겔의 변증법 속에서 그 충분한 발전을 보이고 있다. 피히테에서는 정립작용이 반성개념과 결합되어 있기 때문에 정립작용의 변증법적 성격이 아직은 헤겔만큼 충분하고 특색 있는 표현에 이르지 않았던 것이라고 누군가 주장하더라도 그것은 그다지 과언이 아닐 것이다.

피히테에 따르면 자아는 정립작용 속에 존재하는 무한한 활동성을 자신의 본질로서 파악한다. 이는 다음과 같은 방식으로 행해진다. 즉 자아는 자기(A)를 정립하고, 상상력 속에서 비아非我(B)를 자기에 반정립시킨다. "이성은 중재한다. …… 그리하여 B를 한정된 A(주관) 속에로 받아들이기 위해 상상력을 규정한다. 그런데 이때 한정된 것으로 정립된 A는, 다시 한 번 어떤 무한한 B에 의해 제한되지 않으면 안 된다. 그리고 이 B를 상상력은 위와 꼭 마찬가지로 다룬다. 이와 같이 나아가다가 마침내는 (여기에서는 이론적인) 이성의 자기 자신에 의한 완전한 한정에까지 나아간다. 거기에서는 상상력 내에서, 이성 외에는 그 어떤 제한하는 B도 필요하지 않다. 즉 [23]마침내 표상자의 표상에까지 도달하는 것이다. 실천적 영역에서는 상상력은 무한히 나아가서 마침내 최고 통일의 결코 한정할 수 없는 이념에까지 도달한다. 이는 다만, 그 자체로는 불가능한 어떤 완성된 무한성에 의해서만 가능할 것이다."[19] 그러므로 정립작용은 이론적 영역에서는 무한에까지 도달하지 않는다. 이론적 영역의 특성은 바로 무한한 정립작용의 제어에 의해 구성된다. 즉 그것은 표상

···
19. Fichte 217. [옮긴이]『전체 학문론의 기초』에서의 인용.

속에 존재해 있는 것이다. 여러 표상을 통해, 그리고 궁극적으로는 최고의 표상, 즉 표상자의 표상을 통해 자아는 이론적으로 완성되고 충실해진다. 이들 표상은 비아에 관한 표상이다. 비아는, 이미 인용한 여러 명제로부터 밝혀지듯, 이중적 기능을 지닌다. 즉 인식에서는 자아의 통일 속에로 돌아가고, 행위에서는 무한 속에로 들어간다고 하는 이중적 기능을 지닌다. ──[한편] 피히테의 인식론과 초기 낭만주의의 인식론의 관계에 있어 무엇보다 중요한 점으로 입증되어야 할 것은, 자아에서의 비아의 형성이란 자아의 어떤 무의식적인 기능에 기초를 두고 있다는 점이다. "의식의 개별적인 내용은……그 내용이 의식 속에서 세력을 얻게 되는 충분한 필연성이라는 점에서는 그 어떤 물 자체에의 의식의 의존성으로부터는 설명될 수 없고, 단지 자아 자체로부터만 설명될 수 있다. 그런데 모든 의식적인 생산작용은 여러 근거에 의해 규정되어 있고, 따라서 거듭 어떤 특수한 표상내용을 전제하고 있다. 근원적인 생산작용에 의해서야말로 우선 최초로 비아가 자아 속에서 획득되거니와, 이 생산작용은 의식적이 아니라 단지 무의식적이다."[20] 피히테는 "주어져 있는 의식내용을 설명하는 유일한 방책을, 의식내용이 보다 고차의 표상, 어떤 자유로운 무의식적 표상으로부터 유래한다는 점 속에서"[21] 발견하는 셈이다.

지금까지의 서술로부터 반성과 정립이 두 가지 상이한 활동이라는 것은 명확할 것이다. 정확히 말하면, 반성은 결국 무한한 정립작

20. Windelband II, 223.
21. Windelband II, 224.

用^{Setzung}에 기반을 둔 형식이다. 즉 반성은 절대적 테제 속에 있는 정립작용으로서, 절대적 테제 속에서의 정립작용은 인식의 실질적인 측면과 관계되어 있는 것이 아니라 인식의 순수하게 형식적인 측면과 관계되어 있는 것으로 보인다. 자아가 자기 자신을 절대적 테제 속에 정립할 때, 반성이 생겨난다. 전적으로 피히테적인 의미에서 |24| 슐레겔은 빈디쉬만 강의에서 자아 속에 있는 '내적 이중성'²²에 관해 말하고 있다.

정립작용에 관해서는 총괄적으로 다음과 같이 말할 수 있다. 즉 정립작용은 표상, 비아, 반정립에 의해 자신을 제한하고 규정한다. 규정된 여러 반정립들에 기초하여, 그 자체 무한으로 나아가는 정립활동은²³ 마침내 다시금 절대적 자아 속으로 되돌려지며, 그것이 반성과 만나는 지점에서 표상자의 표상 속에서 파악된다. 무한한 정립활동의 저 제한은 그러므로 반성의 가능성의 조건이다. "자아의 규정, 자기 자신에 대한 자아의 반성은…… 자아가 자기 자신을 어떤 대립된 것에 의해 한정한다는 조건 하에서만 가능하다."²⁴ 이와 같이 제약된 반성은 정립작용과 마찬가지로 그 자신 다시금 하나의 무한한 과정이지만, 그러한 반성에 대해 그 무한성을 파괴함으로써 반성을 철학의 기관^{Organon}으로 삼으려고 하는 피히테의 노력이 새로이 눈에 띈다. 이 문제는 미완인 채로 끝난 『학문론의 새로운 서술의 시도』(1797년) 속에 제출되어 있다. 피히테는 거기에서는

· ·
22. Vorlesungen 109.
23. Fichte 216 참조.
24. Fichte 218.

다음과 같이 논증하고 있다. "너는 네 자신을 의식한다고 말한다. 그러므로 너는 '너의 사유하는 자아'와 '이 자아의 사유에서 사유된 자아'를 필연적으로 구별한다. 그러나 너에게 이 점이 성립할 수 있으려면, 저 사유에서의 사유하는 자아가 의식의 객체일 수 있기 위해 다시금 보다 높은 사유의 객체이지 않으면 안 된다. 이리하여 너는 이전에는 자기를 의식하고 있는 상태에 있었던 바를 다시금 의식하는 하나의 새로운 주체를 동시에 손에 넣는다. 여기에서 나는 이제 또다시 이전과 마찬가지로 논증한다. 그리고 일단 우리가 이 법칙에 따라 추론을 진행하기 시작한 이상, 너는 나에 대해 우리가 그만두어야 할 장소를 어디에서도 지시할 수 없다. 따라서 우리는 그 어떤 의식에 대해서도 그것을 객체로 하는 새로운 의식을 무한히 필요로 할 것이다. 또한 그리하여 우리는 결코 현실적인 의식을 용인할 수 있는 데에 이르지 못할 것이다."[25] 이 논증을 피히테는 이 대목에서 세 차례 반복하고 있지만, 그것은 항상 반성의 저 무한성 때문에 |25| 이러한 방식으로는 "의식은 우리에게 이해될 수 없는"[26] 채로 머무른다는 결론에 이른다. 따라서 피히테는, 자기의식이 거기에서는 이미 직접적으로 존재하고 있어 원리상 끝없는 반성에 의해 불러내어질 필요가 없는 그러한 정신상태를 얻고자 하며 또한 이를 발견한다. 그러한 정신상태가 사유이다. "나의 사유의 의식은, 나의 사유에게 결코 우연적인 것, 나중에 비로소 그것에 부가된 것, 그것과 결부된 것이 아니라 나의 사유로부터 억지로 떼어놓을

• •
25. Fichte 526.
26. Fichte 527.

수 없는 것이다.'[27] 사유의 직접적인 의식은 자기의식과 동일하다. 그것은 그 직접성 때문에 하나의 직관이라고 불린다. 직관과 사유, 주체와 객체가 합치되어 있는 바의 그러한 자기의식 속에 반성은 매어있고 붙잡혀 있으며, 더욱이 그것은 없어지지 않으면서도 그 무제한성을 면하고 있다.

절대적 자아 속에는 반성의 무한성이, 비아 속에는 정립작용의 무한성이 극복되어 있다. 피히테에게 이 양 활동의 관계가 아마도 전면적으로는 명확하지 않았다고 할지라도, 그가 그것들의 차이를 느끼고 그 각각을 특별한 방식으로 자신의 체계 속으로 편입시켰던 것은 분명하다. 이 체계는 그 이론적 부분에서는 결코 무한성을 허용할 수 없다. 그러나 이미 밝혀졌듯이, 반성 속에는 두 계기, 즉 직접성과 무한성이 있다. 전자는 피히테 철학에 대해, 세계의 근원과 세계의 설명을 바로 저 직접성 속에서 구하도록 지시한다. 그런데 후자는 저 직접성을 흐리게 하는 것이며, 그러므로 철학적 과정을 통해 반성으로부터 제거되어야 한다. 최고 인식의 직접성에 대한 관심은 피히테가 초기낭만주의자들과 공유했던 점이다. 초기 낭만주의자들이 인식론에서도 또한 명확히 각인하고 있는 무한자에의 예찬은 그들을 피히테로부터 떼어놓았으며, 또한 동시에 그들의 사유 속에 무한자에 대한 지극히 고유한 방향을 부여했다.

27. Fichte 527.

Ⅱ. 초기낭만주의자들에게서 반성의 의미

[26]피히테에 의해 명시된, 반성[의 무한성]에 기인하는 의식의 역설Bewußtseinsparadoxie을[1] 낭만주의적 인식론의 서술의 기초로 삼는 것은 합당한 일이다. [하지만] 낭만주의자들은 실제로 피히테에 의해 배척된 저 무한성에 어떠한 장애도 느끼지 않았으며, 따라서 이 점과 더불어 도대체 그들은 반성의 무한성이라는 것을 어떠한 의미로 이해한 것인가, 또 어떠한 의미로 이것을 강조하기까지 했는 가라는 것이 문제가 된다. 이 무한성을 강조할 수 있기 위해서는 반성에서의 사유의 사유의 사유 등등이라는 것이 그들에게는 명백히 어떤 끝없고 공허한 진행 이상의 것이지 않으면 안 되었다. 그러므로 이 점이 일견 기묘하게 보일지라도, 그들의 사상을 이해하기 위해서는 무엇보다도 그들의 주장을 하나의 가설로서 승인하고,

• •
1. 본서 33쪽 이하를 참조

또한 그들이 어떠한 의도에서 이러한 주장을 하기에 이르렀는지를 아는 것이 중요하다. 낭만주의자들의 이 의도는 결코 복잡한 것이 아니라 오히려 예술이론의 영역에서 중요하고 결실 풍부한 것임이 적절한 자리에서 증명될 것이다. —— 반성의 무한성은 슐레겔과 노발리스에게는 우선 무엇보다도 진행의 무한성이 아니라 연관의 무한성이다. 이 점이 결정적인 이유는, 이 연관의 무한성은 공허한 비완결성과는 다른 것으로 이해되어야 할 진행상의 시간적 비완결성과 병행함과 동시에 또한 이보다 앞서 있기 때문이다. 초기낭만주의자들과 접촉하는 일 없이, 그러면서도 또한 그들과 조우하게 되는 여러 이념연관들 중 몇몇 측면에서 궁극적이고 비할 데 없이 심원한 말을 한 횔덜린은, 어떤 친밀하고 지극히 적확한 연관을 표현하려고 하는 대목에서 "무한히 (조밀하게) 연관 맺고 있다"[2]고 쓰고 있다. 슐레겔과 노발리스가 반성의 무한성을 연관으로 충일된 무한성으로 이해했을 때, 그들은 이와 동일한 것을 염두에 두고 있었던 것이다. 이 무한성에서는 모든 것이 무한히 다양한 방식, 즉 오늘날의 우리라면 체계적이라고 부를 법한, 그리고 횔덜린이 보다 간결하게 '조밀하게'라고 말하고 있는 방식으로 연관되어 있을 것이다. 이 연관은 간접적으로는, 나머지의 여러 반성들이 모두 사방팔방으로 서서히 삼투해감으로써, 반성이 지닌 무한히 많은 단계들로부터 파악될 수 있다. |27| 그러나 반성에 의한 매개 속에서는, 사유에 의한 파악이 지닌 직접성과의 원리적 대립은 존재하지 않는다. 왜냐하면 각각의 반성은 그 자신 속에서는 직접적이기 때문이다.[3] 그러므로

· ·
2. Untreue der Weisheit 309.

여러 직접성에 의한 매개라는 것이 문제이다. 프리드리히 슐레겔은 이와는 다른 매개를 몰랐으며, 이런 의미에서 "언제나 하나의 비약이지 않으면 안 되는 이행"[4]에 대해 기회 있을 때마다 말하고 있다. 이 원리적인, 그럼에도 절대적 직접성이 아니라 매개된 직접성이야 말로, 이 연관을 생동적으로 만드는 근거이다. 이 반성연관을 파악하는 가운데서, 절대적 직접성도 또한 잠재적으로 생각될 수 있음은 물론이다. 즉 절대적 반성에서의 연관은 이 절대적 직접성을 취해 자기 자신을 파악하게 될 것이다. —— 이상 상술한 점에서는 낭만주의적 인식론의 도식 이상의 것은 주어지지 않았다. 그리하여 이 도식을 낭만주의자들이 개개의 점에서 어떻게 구성하고 있는가, 더 나아가 또한 그것을 어떻게 채우고 있는가라는 문제가 우리의 주요한 관심사가 된다.

우선 구성이라는 점에 관해서는, 이 인식론은 그 출발점에서는 『학문론의 개념』에서의 피히테의 반성이론과 어느 정도 유사하다. 사유된 것이라는 상관개념을 동반한 단순한 사유는 반성에게는 재료이다. 그것은 분명 사유된 것에 대해서는 형식이지만, 그러나 그것은 어떤 무언가에 대한 사유이며, 그러므로 그것은 술어적인 이유에서는 제1차적 반성단계라고 부르는 것이 허용되어야 한다. 슐레겔에서 이 단계는 '감각Sinn'[5]이라 불리고 있다. 그러나 본질적인 반성은 그 충분한 의미에서는 제2단계에서, 즉 저 제1차적 사유의

● ●
3. 본서 27쪽 이하를 참조
4. Jugendschriften Ⅱ, 176.
5. Vorlesungen 6.

사유에서 비로소 생겨난다. 이 두 의식형식의 관계, 제1차적 사유와 제2차적 사유의 관계를 우리는 위에서 말한 저서에서의 피히테의 상론에 따라 엄밀하게 생각해보지 않으면 안 된다. 제2차적 사유 또는 프리드리히 슐레겔의 용어로 말하면, '이성'[6]에서, 실은 제1차적 사유가 보다 고차의 단계로 자리를 바꾸어 다시금 되돌아온다. 그것은 "형식 자체를 내용으로 삼는 형식"[7]이 되어 있는 것으로, 제2차적 단계는 제1차의 단계로부터, 그러므로 어떤 진정한 반성을 통해 직접적으로 나타난 것이다. 바꾸어 말하면, [28]제2차적 단계에서의 사유는 제1차적 단계에서의 사유로부터 저절로 그리고 자동적으로[8] 제1차적 사유의 자기의식으로서 발생해나온 것이다. "자기 자신을 보는 감각은 정신이 된다"[9]고 이미 『아테네움』에서 그 이후의 용어법과 일치된 표현으로 말해지고 있다. 제2차적 단계의 입장에서 보자면, 단순한 사유는 의심할 여지없이 재료이며, 사유의 사유는 그 형식이다. 사유의 인식론적인 표준형식은 그러므로 —— 그리고 이 점은 초기낭만주의의 견해에 있어서는 기초적인 사항이지만 —— 논리가 아니라, —— 논리는 오히려 제1차적 단계의 사유, 재료적 사유에 속하는 것이다 —— 사유의 사유이다. 이 사유의 사유는 그것이 제1차적 사유에 그 근원을 갖는다는 직접성에 의거해, 사유

• •

6. Vorlesungen 6.
7. Fichte 67.
8. "여기에서(철학에서) 성립하는 것이 저 생동하는 반성이다. 이 반성은 주의 깊게 다루어질 경우 추후 무한히 형성된 하나의 정신적인 우주로—— 즉 모든 것을 포괄하는 어떤 유기조직의 핵이자 맹아로 저절로 확장된다."(Schriften 58)
9. Athenäum 339.

의 인식작용과 동일시된다. 그것은 초기낭만주의자들에게 모든 직관적 인식의 근본형식을 이루는 것이며, 그리하여 방법으로서의 위엄을 유지하고 있다. 그것은 사유의 인식작용으로서, 그 이외의 하위의 인식을 모두 자신 아래에 포괄하고 그리하여 체계를 형성하는 것이다.

반성의 이 낭만주의적 연역 속에서는, 피히테와의 모든 유사성에도 불구하고 또한 그와의 어떤 성격적인 차이가 존재함을 간과해서는 안 된다. 피히테는 그의 지식 전체의 절대적 근본명제에 관해서 다음과 같이 말한다. "그 사람[10] 이전에는 데카르트가 이와 유사한 것을 제시했다. 즉 '나는 사유하며 그러므로 나는 존재한다cogito ergo sum'가 그것이다. …… 어쩌면 그도 또한 이것을, 의식의 직접적 사실로서 고찰한 것일 수 있다. 만일 그렇다면 이 말은 '나는 사유하는 자이며, 그러므로 나는 존재한다cogitans sum, ergo sum'라는 것과 같을 것이다. …… 그러나 그렇다면 '사유하는 자'라는 부가어는 전혀 불필요하다. 사람들은 존재해도 반드시 사유하는 것은 아니지만, 사유한다면 반드시 존재한다. 사유는 결코 존재의 본질이 아니라 단지 그 하나의 특수한 규정에 지나지 않는다……"[11] 여기에서는 낭만주의적인 입장과 데카르트의 입장 간의 차이에 흥미가 있는 것은 아니며, 또한 『전체 학문론의 기초』에서의 이 진술에 의해 피히테가 자신의 고유한 논의방식을 어긋나게 하고 있는 것은 아닌가라는 것도 문제가 될 수 없다. 오히려 다만, 피히테가 데카르트와

10. [옮긴이]칸트(1724-1804)를 가리킨다.
11. Fichte 99 이하.

의 사이에서 의식하고 있는 대립은 또한 [29]그와 낭만주의 사이에서도 존재한다는 점만이 지적되어야 한다. 피히테가 반성을 근원정립, 근원존재 속으로 옮길 수 있다고 생각하는 데 반해, 낭만주의자들에게는 정립작용 속에 놓여있는 저 특수한 존재론적 규정이 빠져 있다. 낭만주의적 사유는 존재와 정립작용을 반성 속에서 지양시킨다. 낭만주의자들은 현상으로서의 단순한 자기사유로부터 출발한다. 이 자기사유는 모든 것에 고유한 것이다. 왜냐하면 모든 것이 자기Selbst [12]이기 때문이다. 피히테에게는 오직 자아에만 자기가 귀속한다.[13] 즉 반성은 전적으로 정립작용과 상관적으로만 실존하는 것이다. 피히테에게 의식이란 '자아Ich'이지만, 낭만주의자들에게서는 '자기Selbst'이다. 또는 달리 말하면 피히테에게는 반성은 자아에 관계하고 있는 데 반해, 낭만주의자들에게는 단순한 사유에 관계하고 있다. 그리고 바로 이 후자의 관계로부터, 독특한 낭만주의적 반성 개념이 구성되고 있음이 곧 보다 분명하게 밝혀질 것이다. —— 피히테의 반성은 절대적 정립 속에 있고, 절대적 정립의 내부에서의 반성으로서, 그것의 외부에서는 공허로 이끌려지기 때문에 어떠한 의미도 가지지 않을 것이다. 저 정립작용의 내부에서는 반성은 직접적 의식, 즉 직관을 근거지으며, 그것도 반성으로서 이 직관의 지성

● ●
12. [옮긴이]셸링은, 피히테의 학문론이 '자아가 모든 것이다'라는 주관적 관념론이지만, 자신의 입장은 거꾸로 '모든 것이 자아이다'라는 객관적인 관념론이라고 스스로 말하고 있다. 낭만주의자들이 '자기Selbst'라고 말하는 것은 이 셸링의 사고방식과 유사한 입장이다. 자아만이 '자기'를 지니는 것이 아니라 모든 것이 '자기'를 지니고 있다는 것이다.
13. "자기는 자아의 개념을 전제로 한다. 그리고 그 속에서 절대성이 생각되는 모든 것은 이 개념으로부터 빌려진 것이다."(Fichte 530쪽 각주).

적 직관을 근거짓는다. 피히테 철학은 분명 사실^{Tatsache}로부터가 아니라 사행^{事行 Tathandlung}으로부터 출발하지만, 그럼에도 불구하고 '사^{事 Tat}'라는 말은 그 근저에는 여전히 '사실^{Tatsache}', '기성사실^{fait accompli}'을 은근히 가리키고 있다. 실제로 근원적인 활동이라는 의미에서의 이 사행이, 그리고 단지 이것만이 반성의 협력에 의해 정초된다. 피히테는 말하길, "이 명제의 주어는[14] 절대적 주체이며, 그러므로 단적으로 주체 자체이기 때문에, 이 유일한 경우에서는 명제의 형식과 동시에 명제의 내적인 내용이 정립된다."[15] 그러므로 그는 단지 반성이 풍부하게 적용되는 단 하나의 경우, 즉 지성적 직관 속에서의 반성만을 알고 있다. 지성적 직관 속에서의 반성의 기능으로부터 발원하는 것은 절대적 자아, 사행이다. 따라서 지성적 직관의 사유는 상대적으로 대상적인 사유이다. 바꿔 말하면 반성은 피히테 철학의 방법은 아닌 것이다. [그의 경우] 방법은 오히려 변증법적인 |30|정립작용 속에서 발견되어야만 한다. 지성적 직관은 그 대상을 산출하는 사유이다. 그런데 낭만주의자들이 생각하는 반성이란, 형식을 산출하는 사유인 것이다. 왜냐하면 피히테에서는 반성의 필연적 기능이라는 '단 하나의' 경우에만 일어나는 것과 그리고 또 이 단 하나의 경우에 상대적으로 하나의 대상적인 것, 즉 사행에 대해 구성적 의미를 갖는 것, 곧 앞서 말했듯이 정신이 "형식 자체를 내용으로 삼는 형식"이 되는 것, —— 이러한 것이란 낭만주의적인 관점에 따르면 끊임없이 일어나는 것으로서, 더욱이 그것은 무엇보

<hr>

14. 즉 "나는 나이다"라는 명제의 주어.
15. Fichte 69.

다도 대상을 구성하는 것이 아니라 형식을, 즉 참된 사유의 무한하고도 순수 방법적인 성격을 구성하기 때문이다.

이렇게 해서 사유의 사유는 사유의 사유의 사유 (등등)이 되며, 이에 의해 제3차 반성단계에 이른다. 이 반성단계의 분석에서 비로소 피히테의 사상과 초기낭만주의자들의 사상 사이에 놓인 차이의 크기가 완전한 모습으로 나타난다. 피히테에 대한 빈디쉬만 강의의 적대적 태도가 어떠한 철학적 동기에 의거하는가라는 점, 그리고 1808년의 피히테 논평에서 슐레겔이 비록 선입견으로부터 완전히 자유롭지는 않다고 할지라도 그의 사상영역이 피히테와 접촉했던 것은 동일한 적들에 대해 두 사람이 같은 정도로 강요된 논전적인 태도에 따른 하나의 오해였다[16]고 칭할 수 있는 이유도, 이 [차이의 크기]로부터 이해된다. 제3차 반성단계는 제2차인 그것과 비교해 원리적으로 새로운 어떤 것을 의미한다. 제2차 반성단계, 사유의 사유는 원原형식Urform 또는 반성의 규준형식이며, 그러한 것으로서 피히테도 이것을 "형식 자체를 내용으로 삼는 형식" 속에서 인정했다. 그런데 제3차 반성단계 및 이로부터 계속되는 보다 고차 반성단계들에서는, 이 원형식 속에서 어떤 독특한 이의성二義性의 모습을 취하는 하나의 분해가 생긴다. 이하의 분석은 얼핏 보기에는 궤변으로 보일지도 모르지만, 그것은 이 연구에 있어 결코 장애가 되지는 않을 것이다. 왜냐하면 연관이 요구되는 반성 문제의 논의에 발을 들여놓은 이상, 미세한 여러 구별들을 피해갈 수는 없는 것이며, 특히 다음의 구별에는 본질적인 의미가 귀속하기 때문이다. 사유의

16. Kürschner 315를 참조.

사유의 사유라는 것은 이중의 방식으로 파악되고 수행된다. 만일 사람들이 '사유의 사유'라는 표현에서 [31]출발한다면, 이 표현은 제3차 단계에서는 다음 둘 중 하나이다. 즉 사유된 객체, 곧 (사유의 사유의) 사유이거나 혹은 사유하는 주체, 곧 사유의 (사유의 사유)이다.[17] 제2단계 반성의 엄격한 원형식은 제3단계에서의 이의성에 의해 동요되고 또한 침해되어 있다. 그런데 이 이의성은 후속하는 단계들 각각에서 점점 배가되어가는 다의성에로 전개해갈 것이다. 바로 이러한 사태 속에, 낭만주의자들에 의해 요구된 반성의 무한성의 특유한 측면이 의거하고 있다. 즉 그것은 본래의 반성형식이 절대자로 향해가면서 해소되는 측면이다. 반성은 제약 없이 자기를 확장해가며, 또한 반성 속에서 형성된 사유는 절대자에로 향하는 무형식의 사유가 된다. 반성형식의 직접성이 감소되는 것과 다를 바 없는 엄격한 반성형식의 이러한 해소는 물론 단지 제한된 사유에 있어서만 일어나는 일이다. 이미 위에서도 언급했듯이, 절대자는 자기 자신을 재귀적으로^{reflexiv}, 완결된 반성 속에서 직접적으로 파악한다. 반면 보다 하위의 반성들은 직접성에 의한 매개에 있어서만 최고의 반성에로 근접할 수 있다. 그러나 이들 매개된 반성들도, 그것들이 절대적 반성에 도달하자마자, 자신들의 편에서 다시금

· ·

17. [옮긴이]벤야민은 여기서 '사유의 사유의 사유'라는 입장이 이중의 의미를 내포한다는 점을 피력한다. 즉 이 입장은 한편에서 보자면 '사유의 사유의 **사유**'이며 그런 한에서 단지 사유된 객체이다. 다른 한편에서 볼 때는 '**사유**의 사유의 사유'이며 그런 한에서 사유하는 주체이다. 이 점은 반성의 원原형식으로서의 '사유의 사유' 자체가 어떤 고유한 이중성 속으로 투입되어 진동하게 됨을 의미한다. 더욱이 이 이중성은 제3차 이상의 반성단계에서 무한히 많이 배가되기 마련이며 따라서 이러한 다의성은 무한한 반성의 입장을 가능케 한다.

완전한 직접성에 자리를 내주지 않을 수 없다. 슐레겔의 정리定理는, 이처럼 우리가 이 사상의 진행에 대한 그의 전제를 아는 순간, 그 외견상의 난해함에서 벗어난다. 이러한 제1의 공리적 전제란, 반성은 공허한 무한성 속으로 사라져가는 것이 아니라 그 자체에서 실체를 지니며 가득 채워져 있다는 점이다. 이러한 견해를 고려해서만, 단순한 절대적 반성이 그 대극對極인 단순한 원原반성으로부터 구별될 수 있다. 이 두 반성의 극들은 단적으로 단순하지만, 그 외의 다른 모든 것들은 절대자로부터가 아니라 그 자신에서 볼 때 단지 상대적으로만 단순하다. 이 양자를 구별하기 위해서는 다음과 같이 생각되어야 할 것이다. 즉 절대적 반성은 현실성의 극대極大를, 그리고 원原반성은 현실성의 극소를 각각 포괄하되, 이는 어디까지나 이 양자 속에 현실성 전체의 내용, 사유의 전체가 포함되어 있다는 의미에서이다. 다만, 전자에서는 그것이 최고의 명료함으로까지 전개되어 있는 데 비해, 후자에서는 미전개되고 불명료한 채이다. 반성의 명료함의 단계들에 대한 이러한 구별은, 충일된 반성에 대한 이론과는 달리, 낭만주의자들에 의해 완전히 분명하게 숙고되어 있지는 않은 사고 진행의 논리화를 위한 단지 보조적인 구조에 지나지 않는다. [32]피히테가 현실적인 것 전체를 정립작용 속에 —— 물론 그가 정립작용 속에 두었던 어떤 목적을 통해서이지만 —— 집어넣었다면, 그에 비해 슐레겔은 현실적인 것 전체의 완전한 내용이 절대자에서의 최고의 명석함에 이르기까지 점차 명료함을 높여가면서 반성들 속에서 스스로를 전개하는 것을 직접적으로 목격하는 것이며, 더욱이 이것에 관해서는 어떠한 증명도 불필요하다고 여겨지고 있다. [그러나] 이러한 현실적인 것의 실체를 그가 어떻게 규정하는가는 여전히 제시되어야 할 것이다.

　피히테와의 이 대립을 계기로 슐레겔은 빈디쉬만 강의에서 자주 피히테의 지성적 직관의 개념에 대해 줄기차게 논박을 가했다. 피히테에게 자아의 직관의 가능성은 절대적 테제 속에서 반성을 불러내어 고정시키는 것의 가능성에 의거했다. 바로 이 때문에 직관은 슐레겔에 의해 배척되었다. 자아와의 연관에서 그는 "직관 속에서 자아를 확실하게 파악하는 것의 곤란함, 아니…… 불가능함"[18]에 관해 말하며, "고정된 자기직관이 인식의 원천으로서 내세워지는"[19] 견해가 모두 그릇된 것임을 분명히 밝히고 있다. "그가[20] 결국 실재론[21]을 정복할 수 없었던 것은 아마도, …… 자기직관으로부터 출발한다는, 그가 선택한 바로 그 도정道程 때문이다."[22] "우리는 우리 자신을 직관할 수 없다. 자아는 그때마다 항상 우리로부터 사라진다. 그러나 우리는 말할 필요도 없이 스스로를 사유할 수 있다. 그 경우 놀랍게도 우리는 우리 자신에게 무한한 것으로서 나타난다. 일상생활 속에서는 우리는 스스로를 모든 점에서 유한하게 느끼고 있지만 말이다."[23] 반성이란 직관이 아니라 절대적으로 체계적인 사유, 개념적 파악이다. 그럼에도 불구하고 슐레겔에게 인식의 직접성이 구제

• •

18. Vorlesungen 11.
19. Vorlesungen 11.
20. 즉 피히테.
21. 슐레겔이 [피히테의] 정립작용에서 목격해야 했던 것[을 가리킴]. [옮긴이]스피노자(1632-1677)의 실재론을 뜻한다. 피히테의 학문론은 스피노자의 실체의 일원론과 대결하려고 했다.
22. Vorlesungen 26.
23. Vorlesungen 13.

되어야 하는 것은 자명하다. 그러나 그러기 위해서는 오로지 직관만이 직접적 인식을 허용한다는 칸트의 교설과의 결별이 필요하다. 전체적으로는 피히테 역시 여전히 칸트의 교설을 고수하고 있었다.[24] 피히테에게는 물론 |33|"개념은 직관에 의해서만 성립되는 것임에도 불구하고, 보통의 의식에서는…… 단지 개념만이 나타나고,

● ●
24. 그에게서도 직접적 인식은 오로지 직관에서만 발견된다. 다음과 같은 점은 이미 앞에서 암시되었다. 즉 절대적 자아는 직접적으로 자기 자신을 의식하고 있기 때문에, 피히테는 이 자아가 모습을 나타내는 양상을 직관이라고 부른다. 또한 절대적 자아는 반성 속에서 자기 자신을 의식하기 때문에, 이 직관은 지성적이라고 불린다. 이러한 사고 과정을 이끄는 동기는 반성 속에 있다. 즉 반성은 인식의 직접성의 참된 근거이지만, 나중에 가서 —— 칸트의 용어법에 동화되어 —— 반성이 직관으로 칭해진다. 또한 이미 시사된 점이지만, 사실 피히테는 1794년의 『학문론의 개념』에서는 직접적 인식을 아직 직관적 인식이라고 부르지는 않았다. 그러므로 피히테의 지성적 직관은 칸트의 그것과는 무관하다. 이 용어를 사용할 때 "칸트는 자신의 '지식의 형이상학'의 최고 한계개념을 나타내고 있었다. 즉 그것은 사유의 형식들과 동시에 그것들의 내용, 누메나 Noumena 즉 물 자체를 산출하는 어떤 창조적 정신의 가정이었다. 이 개념의 이러한 의미가 피히테에게는 물 자체 개념과 같이 무대상적이고 무력한 것이 되었다. 오히려 그는 지성적 직관이라는 것으로 단지 자기 자신과 그 활동들을 목격하는 지성의 기능만을 이해한 것이다."(Windelband Ⅱ, 230). —— 만약 반성이 발원하는 원原세포로서의 의미를 지닌, 슐레겔이 말하는 감각이라는 개념을 칸트의 예지적 직관이나 피히테의 지성적 직관 개념과 비교하려고 한다면, 우리는 풀버Pulver의 다음과 같은 말을 좀 더 엄밀한 해석을 덧붙이는 가운데 사용할 수 있다. "피히테에게 지성적 직관이 선험론적인 사유의 기관器官이라고 한다면, 프리드리히 슐레겔은…… 그의 세계이해의 도구를 예지적 직관에 대한 칸트의 규정과 지성적 직관에 대한 피히테의 규정 사이에서 어떤 중간적인 것으로서 부유시키고 있다."(Pulver 2). 그렇지만 이 중간적인 것이란 풀버가 이 같은 진술에 따라 추론하려고 하는 것과는 달리 무언가 불명확한 것은 아니다. 즉 감각은 칸트의 원형적 지성으로부터 창조적 능력을, 피히테의 지성적 직관으로부터 반성적 운동을 취하고 있다.

······ 결코 직관 그 자체는 [25] 나타나지 않는다는 역설적인 결과가 생기고 있다. 이에 반해 슐레겔은 말하길, "사유를 단지 간접적이라고 여기고 직관만을 직접적이라고 여기는 것은 지성적 직관을 주장하는 그러한 철학의 전적으로 자의적인 취급방식이다. 본질적으로 직접적인 것은 분명 감정이지만, 직접적인 사유라는 것도 또한 존재한다." [26]

반성의 이 직접적 사유를 가지고서, 낭만주의자들은 절대자 속으로 파고들어간다. 그들은 절대자 속에서 피히테와는 전혀 다른 것을 탐구하고 발견한다. 분명 그들에게 반성은 피히테의 경우와는 반대로, 하나의 충일된 반성이지만, 그럼에도 불구하고 적어도 아래에서 논하게 될 시대에서는 그것은 결코 보통의 내용, 학문의 내용으로 채워진 방법은 아니다. 학문론에서 도출되어야 하는 바는 어디까지나 실증적인 학문들의 세계상이다. [34] 초기낭만주의자들은 이 세계상을 그들의 방법에 의해 절대자 속으로 완전히 해소시키며, 그리고 이 절대자 속에서 학문의 내용과는 다른 내용을 찾는다. 그리하여 [낭만주의적 인식론의] 도식의 구성에 관한 물음이 대답된 연후에는 이제 이 도식을 가득 채우는 문제, 즉 방법의 서술 후에는 체계의 문제가 생겨난다. 슐레겔의 여러 철학적 견해들의 연관에 대한 유일한 전거인 빈디쉬만 강의의 체계는 본 논문에서 문제가 되는 아테네움 시대의 체계와는 다른 것이다. 그럼에도 불구하고 서론에서 말했듯이 빈디쉬만 강의의 분석은 1800년경의 슐레겔의 예술철학을 이

··

25. Fichte 533.
26. Vorlesungen 43.

해하기 위해 여전히 필요한 하나의 조건이다. 이 분석은, 과연 슐레겔이 1800년경의 어떠한 인식론적 계기들을 4년 내지 6년 후에 이 강의의 기초로 삼았는지, 그리고 오로지 이러한 방식에서만 그것을 이어나가도록 했는지, 더 나아가 또한 그의 초기 사유에서는 아직 문제가 될 수 없었던 어떠한 새로운 요소가 이 강의에는 부가되어 있는지 —— 이러한 점들을 제시하지 않으면 안 된다. 일반적으로 이 강의의 입장은 청년시기의 슐레겔의 착상 풍부한 사고와 후년 메테르니히의 서기관 시대[27]로 알려져 있는 복고철학 사이의 타협이다. 초기의 사상영역은, 이론적인 측면에서는 아직 살아있지만 실천적 및 미학적인 사유의 영역에서는 이미 거의 붕괴되어 있었다. [그에게서] 옛것과 새로운 것을 구별하는 일은 어렵지 않게 수행될 수 있다. —— 강의에서의 체계에 관한 이하의 고찰에서는 반성개념의 방법적 의의에 관해 상론된 점들을 증명하는 일과 함께, 그의 청년기에 있어 이 체계의 중요한 몇몇 세목들을 서술하고, 끝으로 그의 중기와 비교해 초기 견해의 특징적인 점을 지적하지 않으면 안 된다.

두 번째의 과제를 미리 언급하자면 이러하다. 프리드리히 슐레겔은 절대자의 온전한 무한성이라는 것을 어떻게 생각했는가? 강의에서는 다음과 같이 말해지고 있다. "우리가…… 무한해야 한다는 것이 우리에게는 결코 분명해지지 않을 것이다. 이와 동시에 자아란 모든 것의 저장소로서, 결코 무한 이외의 어떠한 것으로도 있을

---

27. [옮긴이]프리드리히 슐레겔은 1819년에 유럽의 대표적인 보수적 정치가 메테르니히의 비서로서 그와 함께 로마로 향한다.

수 없음을 승인하지 않을 수 없다. …… 깊은 숙고 끝에, 모든 것이 우리의 내부에 있음을 부인할 수 없는 이상, 피제한성의 감정이란…… 오로지 [35] 우리가 우리 자신의 한 단편에 지나지 않음을 인지함으로써만 설명될 수 있다. 이는 곧바로 너에 대한 믿음— 그러나 이때의 너라는 것은 (인생에서와 같이) 무언가 자아와 마주해 있는 것, 자아와 유사한 것으로서의 너가 아니라, …… 일반적으로 하나의 반反자아로서의 너이다 — 으로 이끌려간다. 그리고 이것에는 결국 하나의 원자아Ur-Ich에 대한 믿음이 필연적으로 결부되어 있다."[28] 이 원자아가 절대적인 것das Absolute이며, 무한하게 충일된 반성의 총체이다. 반성의 충일된 상태가 이미 말했듯이 슐레겔의 반성개념을 피히테의 그것으로부터 결정적으로 구별짓는 바의 것이다. 다음의 진술은 전적으로 명확히 피히테에 반대하는 견지에서 말해지고 있다. "자아의 사상이 세계의 개념과 하나를 이루고 있지 않은 곳에서는, 자아의 사상의 이 순수사유는 단지 영원한 자기반영에로, 즉 항상 동일할 뿐 새로운 것을 포함하지 않는 무한한 계열들의 반영으로 나아간다고 말해도 좋다."[29] 슐라이어마허[30]의 다음과 같은 적확한 사상적 표현도 이와 동일한 초기낭만주의의 사상영역에 속한다. "자기직관과 우주직관은 상관개념이다. 그러므로 모든 반성은 무한하다."[31] 노발리스도 또한 이러한 이념에 대해 지극히

. .

28. Vorlesungen 19.

29. Vorlesungen 38.

30. [옮긴이]슐라이어마허Friedlich Schleiermacher(1768-1834)는 독일의 철학자이자 신학자이다. 그와 프리드리히 슐레겔의 친교는 잘 알려져 있다.

31. Wilhelm Dilthey, *Leben Schleiermachers.* Bd. 1. Dabei: Denkmale der innern

강렬한 관심을 기울였으며, 더욱이 그 이념이 피히테에 대립하는 측면에 대해 그러했다. "그대는 늘 매진하고 있는 자기사색가들을 피히테의 마법으로부터 지키기 위해 선발된 셈이지요"[32]라고 그는 이미 1797년에 프리드리히 슐레겔에게 쓰고 있다. 그 자신이 피히테에 대해 비난해야 할 것은 그 외에도 많이 있지만, 특히 어떠한 점에서 비난해야만 했는가는 다음과 같은 말로부터 짐작될 수 있다. "자아는 스스로 자기 자신을 한정할 수 없다라는 명제에서 피히테는 모순되어…… 있지 않은가? 자기한정의 가능성이 모든 종합, 모든 기적의 가능성이건만. 그리고 세계는 하나의 기적으로부터 시작했다."[33] 그런데 피히테에서는 주지하듯이 자아 자신은 비아에 의해 한정되며, —— 다만 무의식적으로 한정된다(본서 32쪽을 참조). [36] 그러므로 노발리스의 이 진술은, 진정한 '피히테주의'의 요구가 그러한바, "저지Anstoß [34], 즉 그가 말하는 의미에서의 비아 없이"[35], 자아의 한정은 무의식적인 한정이 아니라 단지 의식적이고 그와 동시에 상대적인 한정이기만 해도 좋다는 것을 의미할 뿐인지

• •

Entwicklung Schleiermachers, 118.

32. Briefwechsel 38 f.

33. Schriften 570. 노발리스의 반대 견해에 대해서는 지몬Simon의 『노발리스의 마법적 관념론의 이론적 기초』 14 f.를 참조할 것. 노발리스 사고의 미완의 성격 때문에 그리고 거의 모든 것이 보존되어 있는 전승 상의 예외적 상황 때문에, 그의 진술들 중 매우 많은 대목에서는 또한 이와 반대되는[즉 피히테에 동의하는] 견해들도 눈에 띄는 것이 사실이다. 하지만 이 대목에서는 방금 말한 의미에서 응당 노발리스를 인용해도 좋은 하나의 문제사적 연관이 놓여 있다.

34. [옮긴이]피히테의 용어로서 자아의 정립활동에 대한 저항, 즉 '비아'의 작용을 일컫는다.

35. Schriften herausgegeben von Minor III, 332.

도 모른다. 실은 이 점에서 초기낭만주의적 이의제기의 경향이 존재하는 것으로, 이는 빈디쉬만 강의에서도 여전히 발견될 수 있다. 거기에서는 다음과 같이 말해지고 있다. "원자아$^{Ur-Ich}$, 원자아 속에서 모든 것을 포괄하는 것, 그것이 일체이다. 그 이외는 무無이다. 우리는 자아성 이외의 어떠한 것도 인정할 수 없다. 피제한성이란 단지 자아의 희미한 반조返照가 아니라 실재적인 자아이며, 비아가 아니라 반反자아$^{Gegen-Ich}$이자 너[36]이다. —— 일체는 무한한 자아성의 단순한 부분에 지나지 않는다."[37] 또는 반성에 보다 확실히 관련시켜 말하자면, 이러하다. "자기 자신 속으로 복귀하는 활동의 능력, 자아의 자아일 수 있는 능력이란 사유이다. 이러한 사유는 우리 자신 이외의 어떠한 대상도 갖지 않는다."[38] 낭만주의자들은 무의식적인 것에 의한 제한을 기피한다. 상대적 제한 이외의 제한이 있어서는 안 되며, 그리고 이 상대적 제한은 의식적 반성 자체 속에 존재해야 한다. 강의에서 슐레겔은 이 문제에서도 초기의 입장과 비교하면 보다 완화된 타협적인 해결방식을 취하고 있다. 즉 반성의 제한은 반성 자체 속에서 이루어지는 것이 아니며, 따라서 본래는 상대적인 것이 아니라 무의식적인 의지에 의해 야기된다. "반성을 저지케 하고 직관을 임의적으로 어떤 특정한 대상으로 향하게 하는 능력"[39]을 슐레겔은 의지라고 부른다.

　지금까지 말한 바에 의해 슐레겔의 절대적인 것[절대자] 개념은

36. 덧붙여 말해도 좋다면, 이것은 하나의 반성적 형성물이다.
37. Vorlesungen 21 각주.
38. Vorlesungen 23.
39. Vorlesungen 6.

피히테에 비하면 충분히 규정되어 있는 셈이다. 이러한 절대자는 그 자체에서는 반성매체$^{\text{Reflexionsmedium}40}$라고 부르는 것이 가장 합당할 것이다. 이 용어와 더불어 슐레겔의 이론철학 전체는 총괄적으로 특징지어질 수 있으며, 앞으로도 이 표현 하에 인용될 수 있는 것도 드물지 않을 것이다. [37]그러므로 이 용어를 한층 더 면밀하게 설명하고 이것을 확정하는 것이 필요하다. 반성은 절대자를 구성하되, 더욱이 그것을 하나의 매체로서 구성한다. 슐레겔은 자신의 여러 설명에서, 비록 매체라는 표현 자체를 사용하지는 않고 있지만, 절대자 혹은 체계 — 사람들은 현실적인 것의 연관으로서의 이 양자를, 그 실체(이것은 도처에서 동일하다)에서가 아니라 그 명료한 전개의 정도에서 해석하지 않으면 안 된다(본서 45쪽 이하 참조) — 안에 있는 부단히 동일한 연관에 최대의 가치를 두었다. 그리하여 그는 말한다. "의지란, ······ 자아가 자기 자신을^{41} 절대적 극대치로까지 증대시키거나 절대적 극소치로까지 감소시키거나 하는 능력이다. 이 능력은 자유이기 때문에 어떠한 한계도 갖지 않는다."^{42} 그는 이러한 관계에 대해 매우 명확한 그림을 제시한다. "자기 자신 속으로의 복귀, 자아의 자아는 포텐츠의 고양$^{\text{Potenzieren}43}$이다. 즉 자

••
40. 이 같은 표현의 이중적 의미는 이 경우 어떠한 불명료함도 낳지 않는다. 왜냐하면 한편으로 반성이란 그것의 부단한 연관 덕분에 이미 그 자체 하나의 매체이고, 다른 한편으로 문제의 매체라는 표현은 그 안에서 반성이 작동하고 있는 바로 그러한 것을 뜻하기 때문이다. 다시 말해 절대성으로서의 이 반성이란 자기 자신 속에서 운동한다.

41. 즉 반성 속에서.

42. Vorlesungen 35.

43. [옮긴이]셸링의 철학 용어로서, 주관적인 것이 자신을 객관화시켜 점차 새로운

기 자신으로부터의 외출[44], 수학에서의 근根의 추출이다."[45] 이와 전적으로 유사한 방식으로 노발리스는 반성매체 속에서의 이러한 운동을 기술했다. 노발리스에게 이 운동은 낭만주의의 본질과 지극히 밀접하게 관계되어 있는 것으로 보이므로, 그는 이것에 낭만화 Romantisieren라는 표현을 부여하고 있다. "낭만화란 질적인 포텐츠의 고양에 다름 아니다. 이 작업 속에서 낮은 차원의 자기가 보다 높은 자기와 동일화된다. 우리 자신이 이러한 질적인 포텐츠들의 계열이라고 한다면, …… 낭만주의의 철학은…… 고양과 저하의 교체이다."[46] 슐레겔은 자신이 생각하고 있는 절대자의 매개적인 본성을 완전히 분명하게 표명하기 위해 빛에 견주어 비교하고 있다. "자아의 사상은…… 모든 사상의 내적인 빛으로서…… 간주되어야 한다. 모든 사상은 이 내적인 빛이 굴절된 채색그림에 지나지 않는다. 각각의 사상 속에서 자아는 숨은 빛이다. 각각의 사상 속에서 사람들은 자기를 발견한다. 사람들은 항상 자기 혹은 자아만을 사유한다. 물론 보통의, 파생된 자기가 아니라…… 보다 높은 의미에서의 자기를."[47] 노발리스는 거리낌 없이 절대자의 매개성에 관해 이와 동일한 사상을 그 저작 속에서 솔직하게 선언했다. 그는 [38] 반성과 매개성

・ ・
단계로 고양해가는 전개를 '포텐츠의 고양Potenzieren', 그 각 단계들을 '포텐츠 Potenz'라고 부른다. 이것은 수학에서 하나의 수 또는 식에 대한 거듭제곱을 일컫는 '멱승冪乘, Potenz'으로부터의 전용이다. 자아라는 의식의 명료한 단계는 어두운 자연으로부터 포텐츠를 높여온 것이다.

44. 즉 반성의 정도가 감소되는 것.

45. Vorlesungen 35.

46. Schriften 304 f.

47. Vorlesungen 37 f.

의 통일을 '자기투철Selbstdurchdringung'이라는 걸출한 표현으로 특징
짓고, 정신의 이러한 상태를 거듭 반복해서 예언하고 또한 요구했다.
"예지가 자기접촉을 통해 스스로의 법칙에 따른 운동, 즉 활동의
어떤 고유한 형식이라는 것을 자신에게 부여하는……, 모든 철학의
가능성"[48], 따라서 반성은 동시에 "결코 끝나지 않는 정신의 참된
자기투철의 시작이기도 하다."[49] 그는 미래의 세계를 가리켜 "자기
자신에 투철한 혼돈"[50]이라고 불렀다. "자기 자신에 투철한 최초의
천재는 여기에서 어떤 헤아릴 수 없는 세계의 전형적인 맹아를
발견했다. 그는 세계사에서 가장 주목해야 하는 것임에 틀림없는
어떤 발견을 해냈다. 왜냐하면 그것과 함께 인류의 전적으로 새로
운 시대가 시작하기 때문이다. —— 이 단계에 이르러, 모든 종류의
참된 역사가 비로소 가능하게 된다. 왜냐하면 지금까지 걸어왔던
길이 그 자체로 완전히 설명 가능한 하나의 전체를 형성하기 때문
이다."[51]

빈디쉬만 강의의 체계 속에 나타난 이론상의 기초적 견해는 어떤
결정적인 점에서 아테네움시대 슐레겔의 그것과 다르다. 바꾸어
말하자면, 후기 슐레겔의 사유의 체계 내지 방법은 전체로서는 그의
초기의 사유의 인식론적 동기를 수용하고 보존하고 있지만, 어떤
한 점에서 초기의 사상영역으로부터 완전히 벗어나 있다. 그 외의
점에서의 극도의 일치에도 불구하고, 이러한 이반이 생기는 가능성

• •
48. Schriften 63.
49. Schriften 58.
50. Novalis' Schriften herausgegeben von Minor II, 309.
51. Schriften 26.

은 반성체계 자체에서의 어떤 확연한 독특성 속에 있다. 이 독특성은 피히테의 경우는 다음과 같이 특징지어져 있다. "자아는 자기 자신 속으로 되돌아간다고 주장된다. 그렇다면 자아는 도대체 이 되돌아감에 앞서서 그리고 이것에 독립해서 이미 자기 자신에 대해 존재하고 있는 것은 아닌가? 자아는 자신에게 어떤 행위의 목표를 이룰 수 있도록 하기 위해서는 이미 존재해 있어야만 하는 것은 아닌가? …… 결코 그렇지 않다. 이 작용에 의해 비로소, …… 행위 자체의 행위 —— 이 특정한 행위에는 일반적으로 어떠한 행위도 선행하지 않는다 —— 에 의해, 자아는 근원적으로 자기 자신에 대해 생기는 것이다. 다만 철학자에게만 자아는 사실Faktum로서 앞서 존재하고 있는데, 왜냐하면 [39] 그는 경험 전체[52]를 이미 이루어냈기 때문이다."[53] 빈델반트[54]는 피히테 철학에 관한 자신의 서술에서 이 사상을 특히 명료하게 표현하고 있다. "보통 사람들이 활동이란 어떤 존재를 전제로 하는 무언가라고 간주하는 데 비해, 피히테에게는 모든 존재는 근원적인 행위의 산물에 지나지 않는다. 기능하는 존재를 갖지 않은 기능이야말로 피히테에게는 형이상학적인 근본 원리이다. …… 사유하는 정신이라는 것이 우선 '있고' 그것이 무언가의 동기에 의해 뒤이어 자기의식에로 도달한다는 것이 아니라, 자기의식이라는, 도래도 설명도 될 수 없는 작용에 의해 비로소 사유하는 정신이 성립한다."[55] 프리드리히 슐레겔이 1800년의 「포

· ·
52. 즉 선험론적 자아에 대한 자신의 관여 때문에.

53. Fichte 458 f. [옮긴이]『학문론의 제2서론』(1797)에서의 인용.

54. [옮긴이]빈델반트Wilhelm Windelband(1848-1915)는 독일의 철학자이자 철학사 가로, 신칸트학파 중 서남독일학파(바덴학파)를 창시했다.

에지에 관한 대화」에서 관념론은 "말하자면 무無에서 생겨났다"[56]는 말에서 의미하고 있는 것도 이와 동일한 것이라고 한다면,[57] 여기서 지금까지 말해온 모든 것을 염두에 두면서 다음과 같은 명제로 이러한 사상의 추이를 총괄해도 좋을 것이다. 즉 반성은 논리적으로 최초의 것이다라는 점이다. 왜냐하면 반성은 사유의 형식이기 때문에, 반성은 사유를 목표로 하고 있기는 하지만, 사유는 반성 없이는 논리적으로 불가능하기 때문이다. 반성이 향해지는 바의 사유는 반성과 함께 비로소 발원하는 것이다. 그러므로 모든 단순한 반성은 하나의 무차별점으로부터 절대적으로 발원한다고 말할 수 있다. 반성의 이 무차별점이라는 것에 어떠한 형이상학적 성질을 귀속시키는가는 자유이다. 문제가 되어 있는 슐레겔의 두 사상영역은 이곳에서 서로 갈라진다. 빈디쉬만 강의는 이 중심점, 절대자를 피히테에 따라 자아로 규정한다. 아테네움 시대의 슐레겔의 독자에게는 자아의 개념은 단지 피히테에 비해서뿐만 아니라 노발리스와 비교해도 아주 근소한 역할밖에 하지 않았다. 초기낭만주의의 의미에서는 반성의 중심점은 예술이지, 자아가 아니다. 슐레겔이 빈디쉬만 강의에서 절대적 자아의 체계로서 제출하고 있는 저 체계의 근본규정들은 그의 초기 사상과정 속에서는 예술을 그 대상으로 하고 있다. 이렇듯 변화되어 생각되고 있는 절대자에서는 어떤 다른 반성이

<hr />

55. Windelband Ⅱ, 221 f.
56. Jugenschriften Ⅱ, 359.
57. 이후의 「강의들」에서는 그의 사고가 불분명해졌다. 그는 분명 거기에서도 하나의 존재에 근거를 두고 있는 것은 아니지만, 그러나 하나의 사고작용이 아니라 순수한 의지 내지 사랑에 기반하고 있다.(Vorlesungen 64 f.)

작용하고 있다. [40]낭만주의의 예술관은, 사유의 사유라는 것에서는 어떠한 자아-의식도 의미되지 않는다는 점에 의거한다. 자아로부터 자유로운 반성이 예술이라는 절대자 속에 있는 반성인 것이다. 여기에 제시된 원리들에 따라 이 절대자를 고찰하기 위해서는 [본 논문의] 제2부가 할애된다. 제2부는 예술비평을 예술이라는 매체 속에서의 반성으로서 다룬다. —— 반성의 도식은 지금까지 자아의 개념에 관련해서가 아니라 사유의 개념에 관련해서 명확하게 되어 왔다. 왜냐하면 자아의 개념은 여기에서 관심사가 되어 있는 슐레겔의 시기에 있어서는 어떠한 역할도 하지 않기 때문이다. 이에 반해 사유의 사유는 모든 반성의 근본도식으로서, 슐레겔의 비평이라는 개념의 기초를 이루고 있다. 이 사유의 사유를 이미 피히테는 결정적인 방식으로 형식으로서 규정했다. 피히테 자신은 이 형식을 자아로서, 세계의 지성적 개념의 근원세포로서 해석한 것이지만, 낭만주의자 프리드리히 슐레겔은 이 형식을 1800년경에는 미적 형식으로서, 예술의 이념의 근원세포로서 해석했다.

Ⅲ. 체계와 개념

　　반성매체라는 개념 내에 초기낭만주의자들의 사유에 대한 하나의 방법적인 경위도선經緯度線 —— 일반적으로 그들의 여러 문제의 해답 및 체계적 위치가 이 경위노선에 기입될 수 있을 것이다 —— 을 깔려고 하는 시도에 대해서는 두 가지 의문이 생길 수 있다. 첫 번째 의문 —— 이것은 회의적이거나 극히 부정적‒수사학적인 어조로 문학 내에서 거듭 제출되어왔다 —— 은 이러하다. 도대체 낭만주의자들은 대체로 체계적으로 사유한 것일까 혹은 그들의 사유 속에서 체계적인 관심을 추구한 것일까? 두 번째 의문은 이러하다. 왜 이러한 체계적인 근본사유 —— 그것이 존재한다고 할 때 —— 가 이처럼 기묘하게 불명료한, 아니 현혹케 하는 어투 속에 숨겨져 있는 것인가? 첫 번째 의문에 대해서는 우선, 여기에서 논증되어야 할 사안을 엄밀하게 규정하는 것이 긴요하다. 그 경우 프리드리히 슐레겔과 더불어 "체계와는 전적으로 다른 무언가인 체계의 정신"[1]

이라는 것에 관해 말하는 것이 그다지 용이하게 수행될 수 있으리라고 생각해서는 안 되지만, 그럼에도 이 표현은 결정적인 점에로 이끌어간다. 사실 여기에서는 정신적 검증에 의해 응당 반박되지 않으면 안 되는 것, 즉 1800년경의 슐레겔과 노발리스가 |41| 공통의 것이든 각자 고유의 것이든 어느 정도의 체계를 소유하고 있었다는 것은 증명되어야 할 사항이 결코 아니다. 그러나 온갖 의구심에도 불구하고 그들의 사유는 체계적인 경향들과 연관들에 의해 —— 물론 이 경향들과 연관들은 부분적으로만 명확성과 성숙함을 달성했지만 —— 규정되었음을 입증할 수 있다. 또는 이것을 지극히 정확하고 또 논박할 수 없는 형식으로 표현한다면, 그들의 사유가 체계적인 사고과정에 관계될 수 있다는 것, 그들의 사유가 올바르게 선택된 하나의 좌표체계 —— 낭만주의자들 자신이 이 좌표체계를 완전한 모습으로 나타냈는가 아닌가는 아무래도 좋다 —— 속으로 기입될 수 있다는 것은 증명될 수 있다. 위에서 말한, 실용적·철학사적이 아니라 문제사적인 과제를 위해서는, 어디까지나 이 조심스러운 주장을 증명하는 것만으로 논의를 마무리 지어도 좋을 것이다. 하지만 저 체계에로 관계지을 수 있음을 증명하는 일은 초기낭만주의의 사고과정을 체계적으로 주석하는 일의 정당성과 가능성을 실행에 의해 증명하는 것일 뿐이다. 이 정당성은 낭만주의를 역사적으로 이해하는 차이에 따르는 엄청난 곤란들에 직면하는 가운데, 최근 출판된 저작(엘쿠스[2] 『낭만주의의 평가와 낭만주의 연구의 비판을

· ·
1. Briefe 111.
2. [옮긴이]엘쿠스Siegbert Elkuß(1884-1916)는 문학사가로서, 그의 저서 『낭만주의

위하여』)에서 다름 아닌 한 문학사가에 의해 변호되었다. 그는 바로
이 문제에서 이 문제사적 연구보다는 훨씬 세심하게 나아가야만
했던 하나의 학문의 입장으로부터 이 같은 정당성을 변호하였다.
엘쿠스는 체계적으로 정향된 해석에 기초해 행해진, 낭만주의 문헌
들에 대한 분석들을 특히 다음과 같은 명제로 옹호하고 있다. "이[3]
사태에로, 사람들은 신학이나 종교사, 현행법으로부터 그리고 현대
의 역사적 사고로부터 접근할 수 있다. 그 어느 경우에도 하나의
사상형성을…… 인식하기 위한 상황은, 사람들이 이 말의 숙명적인
의미에서 무전제적으로 접근하여 초기낭만주의 이론 속에 제출된
몇몇 물음의 실질적인 중핵을 더 이상 검증할 수 없는 경우보다는,
즉 하나의 사상형성을 실로 자주 정식이 어느 정도까지는 자기목적
이 될 수 있는 '문학'으로서 다루는 경우보다는, 한층 더 유리할
것이다."[4] "여기에서[5] 개시되는 분석은 [42]자연스럽게도 하나의 작
가가 말한 것, 표현하려고 했거나 또는 단지 표현할 수 있었을 뿐인
것에 대한 '문학적인' 의미의 배후에까지 육박해가는 일이 자주
있다. 이 분석은, 지향작용이 스스로 수행해야 하는 것을 인식했을
때에, 이 지향작용을 파악하는 것이다."[6] —— "문학사를 위해서
는…… 바로 이 점으로부터 여러 전제들 —— 비록 작가 자신의 반성

의 평가와 낭만주의 연구의 비판을 위하여』*Zur Beurteilung der Romantik und zur
Kritik ihrer Erforschung*(1918)는 낭만주의 연구에 있어 중요성을 갖는다(본서 18
쪽 각주 10 참조).
3. 즉 "낭만주의적 형식 하에서 생각되었던" 사태에로.
4. Elkuß 31.
5. 즉 "사태에 입각한 문제근거에서."
6. Elkuß 74.

에 의해서는 대부분 이들 전제들이 적중되지 않는다고 할지라도
── 에까지 소급하는 하나의 고찰이 해명되는 것이다."[7] 문제사를
위해서는 이러한 고찰이 정말로 요구되고 있다. 엘쿠스가 어떤 문학
사적 고찰에 관해 말하고 있듯이, 만약 이 문학사적 고찰이 한 작가
에 대해 "그의 정신적 세계의 특성묘사에 있어 작가 자신이 의식하
고 있었던 안티테제라는 것에 계속 얽매여, 작가의 정신적인 힘들을
단지 그가 이들 힘에 부여하는 양식화 속에서만 판정하고, 어떤……
그 자체 분석을 필요로 하는 일로서의 이 양식화 속으로 더 이상
전혀 육박해 나가지 않는다"[8]고 말하지 않을 수 없다면, 그것은 문학
사적 고찰에 대한 비난이기보다는 한층 더 무조건적으로 문제사적
고찰에 대한 비난인 셈이 될 것이다. 물론 우선 단순히 1800년경의
프리드리히 슐레겔의 사유에서의 결정적으로 체계적인 경향만을
알기 위해서라면, 지금까지 언급되어 있는 바의 배후에까지 되돌아
갈 필요는 전혀 없다. 즉 그가 체계적 사유와 맺는 관계에 대한
통상적인 해석은, 그의 언질을 너무 곧이곧대로 받아들였다기보다
는 오히려 그러한 일을 하지 않았다는 것으로부터 이해되어야 한다.
하나의 작가가 잠언으로 자신의 사고를 말하고 있다는 사실을, 최종
적으로 그에게 체계적 지향이 결여되어 있다는 것의 증거로서 승인
할 자는 아무도 없을 것이다. 예를 들면 니체는 잠언의 방식으로
저술했으며, 더욱이 스스로를 체계의 적이라고 칭했지만, 그럼에도
불구하고 그는 자신의 철학을 주요이념에 따라 포괄적이고 통일적

• •
7. Elkuß 75.
8. Elkuß 33.

으로 생각했던 것이며, 최종적으로는 자신의 체계의 서술을 쓰기 시작했다. 이에 비해 슐레겔은 자신이 단지 체계론자에의 반대자임을 고백한 적이 단 한 번도 없었다. 외견상의 온갖 견유주의大儒主義[9]에도 불구하고 그는 현저하게도 그의 성숙기에서조차 그 자신의 말에 의하면 결코 회의주의자이지는 않았다. "잠정적인 상태로서의 회의주의는 논리상의 반란이다. 체계로서의 그것은 무정부상태이다. 회의적 방법은 그러므로 반란자에 의한 통치와 같은 것이라고 해도 좋을 것이다"[10]라고 아테네움 단편에는 쓰여 있다. |43|같은 곳에서 그는 논리학을 "적극적인 진리의 요구와 어떤 체계의 가능성의 전제로부터 출발하는 학문"[11]이라고 부르고 있다. 빈디쉬만 하에서 출판된 단편들[12]은 1796년 이후 슐레겔이 체계의 본질과 체계의 정초의 가능성에 관해 진지하게 숙고하고 있었던 면모의 확증으로 채워져 있다. 그것이야말로 강의들의 체계 속으로 흘러들어간, 저 사상의 전개였다. 순환적 철학[13]이라는 것은 당시의 슐레겔이 체계를 나타내고 있었던 표제이다. 그가 이 순환적 철학에 관해 부여하고 있는 몇 안 되는 규정들 속에서 가장 중요한 것은 그 명칭을 근거짓고 있는 규정이다. "철학은 단지 상호증명만이 아니라

··
9. [옮긴이]소크라테스의 제자 안티스테네스가 창시한 고대 그리스철학의 학파인 견유학파의 사고방식. 외적인 조건에 좌우되지 않는 자족자제自足自制, 권력이나 세속적인 일에 속박되지 않는 자유를 원하였고, 개인의 도덕적인 책임과 의지의 우월성을 존중하였다.

10. Athenäum 97.
11. Athenäum 91.
12. Vorlesungen 405 ff.
13. Vorlesungen 421을 참고.

상관개념을 근저에 두지 않으면 안 된다. 어느 개념, 어느 논증에서도, 사람들은 그러한 것의 개념이나 논증을 다시금 문제로 삼을 수 있다. 그러므로 철학은 서사시처럼, 중심에서 시작하지 않으면 안 된다. 그리하여 마치 철학이 그 자신만으로 완전하게 근거지어지고 설명되기라도 하는 듯이 [스스로] 중심을 제출하고 또 하나하나 가산시켜 간다는 것은 불가능하다. 전체가 존재하는 것이며, 전체를 인식하는 길은 그러므로 직선이 아니라 하나의 원환이다. 근본학의 전체는 두 이념들과 명제들, 개념들……로부터, 그 이상의 어떠한 재료도 없이 도출되지 않으면 안 된다."[14] 이들 상관개념은 그 후, 강의 속에서는 반성의 양극이 되어 있고, 이 양극은 결국 단순한 원原반성과 단순한 절대반성으로서, 원환모양으로 다시금 결합된다. 철학이 중심으로부터 시작하는 것은 철학이 그 대상들의 어느 것을 원반성과 동일시한다는 의미가 아니라 그들 대상 속에서 매체 내의 한 매개자를 보는 것을 의미한다. 저 시기의 슐레겔에게는 그 이외의 모티프로서, 관념론과 실재론이라는 인식론적인 문제가 덧붙여지고 있지만, 이 문제는 저절로 강의 속에서 해결되고 있다. 그러므로 키르허Kircher가 1796년 이후의 단편에 관해 다음과 같이 말할 수 있었던 것은 그가 빈디쉬만 강의를 무시한 점으로부터만 설명된다. "순환적 철학의 체계를 슐레겔은 성취하지 못했다. 우리가 입수한 것은 예비적인 작업과 여러 전제들뿐이며, 체계의 주관적 기초들, |44| 즉 그의 철학적 정신에 의한, 개념적으로 형성된 동인과 요구들뿐이다."[15]

· ·
14. Vorlesungen 407.

그렇다고는 하지만, 아테네움 시대의 슐레겔이 자신의 체계적 지향에 관해 충분히 명확한 의식에까지 도달할 수 없었던 데에는 몇 가지 이유가 제시될 수 있다. 체계적 사상은 당시 그의 정신 속에서 우위를 점하고 있지 않았다. 그리고 이는 한편으로 그가 체계적 사상을 당시 그의 한층 풍부하고 정열적인 사유로부터 이끌어내기에 충분한 논리의 힘을 소유하지 않았던 것과 관련되어 있으며, 또 다른 한편으로는 그가 윤리학의 체계적인 가치에 대한 이해를 갖지 않았던 것과 관련되어 있다. 미적 관심이 모든 것을 압도하고 있었던 것이다. "프리드리히 슐레겔은 예술가적 철학자 또는 철학하는 예술가였다. 그러한 사람으로서 그는 한편으로 철학 동료들의 여러 전통에 따르고 있고 또한 동시대 철학과의 연계를 구했지만, 다른 한편으로 그는 순수 체계적인 것에 머무르기에는 너무나도 예술가였다."[16] 위에서 말한 비유로 되돌아가 말하면, 슐레겔에게서 그의 사상의 경위노선은 그것을 덮고 있는 도선圖線 아래에서 거의 한 번도 나타나지 않은 것이다. 만약 절대적인 반성매체로서의 예술이 아테네움 시대의 체계적인 근본구상이라고 한다면, 이 근본구상은 예술 이외의 여러 명칭들에 의해 끊임없이 대체되고 있는 것으로서, 이들 여러 명칭 때문에 그의 사유가 외견상 복잡하고 다양한 형태를 띠고 있는 것으로 보이는 것이다. 절대자는 어떤 때에는 교양으로서, 어떤 때는 조화로서, 천재 또는 아이러니, 종교, 조직 또는 역사로서 나타난다. 또한 다른 연관 하에서는, 다른 여러 규정

15. Kircher 147.

16. Pingoud 44.

들 중 하나를—— 그러므로 예술이 아니라 예를 들면 역사를——
그것이 반성매체로서의 절대자라는 성격이 유지되고 있는 한, 저
절대자 속으로 기입하는 일도 충분히 생각될 수 있으리라는 것은
조금도 부정될 수 없다. 그러나 이들 명칭의 대부분은 예술비평
개념의 분석에서 예술을 반성매체로서 규정할 경우에 응당 나타나
야 할 저 철학적인 풍부한 함축성을 놓치게끔 하는 것이 확실하다.
예술의 개념은 아테네움 시기에서는 프리드리히 슐레겔의 체계적
지향이 취한 하나의—— 그리고 역사의 개념을 제외하고선 아마도
유일한—— 합당한 현실이다.[17] |45|이 개념에 대한 전형적인 변위와
포괄의 관념들 중 하나를, 선취적인 방식으로이긴 하지만 여기에
제시해보도록 하자. "예술은 노력하는 정신성의 충동으로부터 형태
들을 만들면서, 이들의 끊임없이 새로운 형식을 현재 및 과거의
총체적인 생의 사건과 결부시킨다. 예술은 역사의 개개 사건에 매달
리는 것이 아니라 역사의 총체성에 밀착한다. 영원히 자기 자신을
완성해가는 인류의 견지로부터, 예술은 복합적인 사건들을 단일화
하고 또 구체적으로 나타내면서 통합한다. 비평은······ 종래의 법칙
들과 결합하는 동시에 인류의 영원한 이상에의 접근을 보증하는
그러한 법칙을 목표로 삼음으로써, 인류의 이상을 견지하려고 한
다."[18] 이것은 초기 슐레겔의 콩도르세[19] 비평(1795년)에 나타난 사상

· ·
17. 예술을 반성매체로서 규정하는 데서 벗어나 절대적 자아로 규정해가는 그러한
    이행이 어떻게 점차 예비되었는가를 추적하는 일은 매우 흥미롭다. 그러한 이행
    은 인간성의 이념을 넘어서 수행된다(Ideen 45, 98). 또한 이 [인간성] 개념 역시
    매체로서 간주된다. (매개자 이론도 마찬가지이다. Athenäum 234 참조. Novalis'
    Schriften 18 f. 및 그 외.)

을 풀어 말한 것이다. 추후 밝혀지겠지만, 1800년경의 저작들에서는 몇몇 절대자 개념들 간의 융합과 상호혼탁이 만연해 있어, 이러한 혼합에 의해 이들 개념은 분명 그 풍부함을 상실하고 있다. 그러한 명제들에 의거해 슐레겔의 예술관의 보다 깊은 본질에 대한 하나의 상(像)을 만들어내려고 한다면, 반드시 길을 잃게 마련이다.

절대자를 규정하고자 하는 슐레겔의 다양한 시도는 단순히 어떤 결핍에 기인하는 것도 아니고 불명확함에 기인한 것도 아니다. 그러한 시도들은 오히려 그의 사유의 어떤 독특하고 적극적인 경향에 기초를 두고 있다. 슐레겔의 상당히 많은 단편들 및 바로 이 단편들의 체계적 지향이 애매함에 처해 있는 이유에 대한 위의 물음은 여기에서 그 대답을 얻는다. 아테네움 시대의 프리드리히 슐레겔에게 절대자는 분명 예술이라는 모습을 띤 체계였다. 그러나 그는 이 절대자를 체계적으로 파악하려고 한 것이 아니라 오히려 반대로 체계라는 것을 절대적으로 파악하려고 했다. 이것이 그의 신비주의의 본질이었다. 그리고 그는 신비주의를 근저에 두고서 긍정하기는 했지만, 이 시도가 불길한 것이라는 것도 그로서는 감지될 수 없는 것이 아니었다. 야코비[20]에 관해서는—— 슐레겔이 자신의 과오를 공공연하게 징벌하기 위해 야코비에게 거역하는 것도 드문 일이

· ·
18. Pingoud 32 f.

19. [옮긴이]콩도르세Condorecet(1743-1794)는 18세기 프랑스의 사상가이자 수학자로서, 프랑스혁명 시대에 지롱드 당원으로서 활약하고, 진보주의와 평등주의를 주창했다. 자코뱅 당과 충돌하여 고발, 체포되어 옥중에서 음독자살했다.

20. [옮긴이]야코비F. H. Jacobi(1743-1819)는 독일의 철학자이다. 감정이나 신앙이 이성에 우선한다는 입장에 서서, 칸트의 관념론에 최초로 반대했다. 또한 실천철학에서의 '아름다운 영혼'의 사상은 독일 낭만주의에 유입되었다.

아니었음을 엔더스는 지적한 바 있다── |46|빈디쉬만 단편 속에서 다음과 같이 말해지고 있다. "야코비는 절대적 철학과 체계적 철학 사이에 빠져 있으며, 그의 정신은 거기에 짓눌려 망쳐버리고 있다."[21] 이보다도 더 신랄하고 냉소적인 말이 아테네움 단편에서도 발견된 다.[22] 슐레겔 자신도 또한, 체계를 절대적으로 파악하는 신비적 충동, '신비주의를 향한 오래된 성향'[23]을 자신으로부터 멀리 떼어놓을 수는 없었다. 그는 칸트에 대해서는 이와 반대되는 면모를 보고 다음과 같이 비난하고 있다. "그가 공격하는 것은…… 결코 초월적 transzendent 이성이 아니고 절대적 또는 체계적이라고도 할 수 있는 이성이다."[24] 그는 "모든 체계들은 개체들이 아닌가?"[25]라는 물음 하에, 체계의 절대적 파악이라는 이 이념을 탁월한 방식으로 성격짓 고 있다. 왜냐하면 물론, 만일 그가 말하는 대로라면, 체계들을 마치 하나의 개성과 똑같이 직관적으로, 그 체계의 전체성에서 꿰뚫어보 는 것이 생각될 수 있기 때문이다. 슐레겔은 말할 필요도 없이 신비 주의의 극단적인 귀결에 관해 명확히 알고 있었다. "철저한 신비주 의자는 모든 지식의 전달가능성이라는 것을 단지 미결정인 채로 둘뿐만 아니라 서슴없이 이것을 부정해야만 한다. 이는 보통의 논리 학이 도달하는 것보다 훨씬 깊은 곳에서 확증되지 않으면 안 된다."[26]

· ·

21. Vorlesungen 419.
22. Athenäum 346.
23. Jugendschriften Ⅱ 387.
24. Vorlesungen 416 f.
25. Athenäum 242.
26. Vorlesungen 405.

슐레겔이 이미 일찍이, 과연 얼마나 의식적으로 자신을 신비주의자로서 느끼고 있었는가를 알기 위해서는, 1796년의 이 명제를 동시대의 명제, 즉 "참된 체계의 전달가능성은 제한적일 수밖에 없다. 이것은 아 프리오리하게 증명될 수 있다"[27]라는 명제와 결부지을 필요가 있다. 더 나아가 강의에서는 이 사고가 지극히 노골적으로 표현되어 있다. 즉 "지식은 단지 안으로만 향해 간다. 지식은 그 자신에서 그리고 그 자신에 대해 직접적이며, 실로 그것은 보통의 표현에 의하면 숙고하는 자가 자신을 자기 자신 속에서 잃는 것과 같은 것이다…… 서술을 통해 비로소 공통성이 얻어진다……. 모든 서술이 있기 이전에 또는 서술의 저편에, 어떤 내적 본질이 존재함이 물론 용인될 수 있다. 그러나 이 내적 본질은…… 그것이 서술을 결여하는 정도에 따라 이해할 수 없는 것이 된다."[28] 노발리스는 이 점에서 슐레겔과 일치하여 다음과 같이 말한다. 즉 [47]철학이란 "우리를 모든 방향으로 쉴 새 없이 몰아붙이는 어떤 신비적인…… 침투하는 이념이다."[29] —— 프리드리히 슐레겔의 철학적 사색의 신비적 경향은 그의 용어법 내에 가장 명확하게 각인되어 있다. 1798년에 그의 형은 슐라이어마허에게 보낸 편지에서 다음과 같이 쓰고 있다. "나는 동생의 여러 방주(傍註)들도 수확으로 꼽고 있습니다. 왜냐하면 이들 방주 쪽이 편지들 전부보다도 한층 더 성공하고 있기 때문에, 그것은 마치 논문보다도 단편들이, 단편들보다도 스스로

27. Vorlesungen 408.
28. Vorlesungen 57.
29. Schriften 54.

만들어낸 말 쪽이 훨씬 성공하고 있는 것과 같습니다. 결국 그의 모든 천재성은 신비적 용어법으로 끝나는 거지요."[30] A. W. 슐레겔이 매우 적절하게도 신비적 용어법이라고 부른 것은 실제로 프리드리히 슐레겔의 천재, 그의 가장 중요한 구상 및 그의 고유의 사고법과 지극히 밀접하게 연관되어 있다. 그의 독특한 사고법 때문에 그는 논증적 사고와 예지적 직관 사이에서 하나의 매개를 찾지 않을 수 없었다. 왜냐하면 전자는 직관적인 파악으로 향해진 그의 지향을 만족시키지 않고, 후자는 그의 체계적 관심을 만족시키지 않았기 때문이다. 그리하여 그의 사유는 체계적으로 전개되지는 않았지만 어디까지나 체계적으로 방향지어져 있었던 까닭에, 그는 논증적 사유의 극단적인 피제한성과 사상의 체계적 영향범위의 최대한을 결합시키려는 문제 앞에 서게끔 되어 있었다. 특히 예지적 직관에 대해 말한다면, 슐레겔의 사고방식은 직관성에의 무관심에 의해, 많은 신비주의자들의 사고방식과 두드러진 대립을 이루고 있다. 그는 예지적 직관과 황홀상태를 증거로서 내세우는 일은 하지 않는다. 이것을 하나의 정식으로 총괄해 말한다면, 오히려 그는 체계의 비직관적인 직관을 구하고 있다고 말할 수 있다. 그리고 그것을 그는 언어에서 발견한다. 용어법이란, 그의 사고가 논증성과 직관성 양자의 피안으로 움직이고 있는 영역의 것이다. 왜냐하면 그에게서 용어나 개념은 체계의 맹아를 포함하는 것으로, 근본적으로는 앞서 형성된 체계 자체에 다름 아니기 때문이다. 슐레겔의 사유는 절대적으로 개념적인, 즉 언어적인 사유이다. 반성은 체계의 절대적 파악의

. .
30. Aus Schleiermachers Leben Ⅲ, 71.

지향작용이며, 이 작용에 적합한 표현형식이 개념이다. 프리드리히 슐레겔의 용어법에서 신조어가 다수 만들어졌던 동기 그리고 그가 [48] 절대자의 호칭을 부단히 갱신하게 된 가장 깊은 이유는 이러한 사고방식 속에 존재한다. ── 이 사고 유형은 초기낭만주의 사유의 성격을 이루고 있다. 그것은 슐레겔만큼 명확하지는 않지만 노발리스에서도 발견된다. 슐레겔은 술어적 사유와 체계의 관계를 강의에서 다음과 같이 명확하게 표명했다. "사람들이 그 안에서 세계를 하나로 총괄하고 그것을 다시금 세계로 확대할 수 있는…… 바로 그러한 사상이 개념이라고 불리는 것이다."[31] ── "그래서 체계가 단지 하나의 포괄적 개념이라고 불리는 것도 참으로 당연할 것이다."[32] 그러나 아테네움에서 "체계를 지니는 것이나 체계를 전혀 지니지 않는 것 모두 정신에게는 동일하게 치명적인 것이다. 그러므로 정신은 아마도 양쪽을 결합시키려는 결심을 하지 않으면 안 될 것이다"[33] 라고 말하고 있으면서도, 그러한 결합의 기관 Organon 으로서는 이번에도 개념적 용어 이외의 것은 생각될 수 없다. 이미 말했듯이, 슐레겔이 체계를 위해 반환을 청구하고 있는 개체적 자연도 또한, 개념으로만 표현될 수 있다. ── 윤리적 인간에 관해서는 지극히 일반적으로 다음과 같이 말해지고 있다. "낭만주의적 환상의 경우, 문법적[34] 의미와도 결부되어 무언가 대단히 매력적인 것이거나 매우

──
31. Vorlesungen 50.
32. Vorlesungen 55.
33. Athenäum 53.
34. 이것은 문자 γράμμα에 대한 신비주의적 암시라는 견지에서의 '어원학적'이라는 의미이다. 슐레겔: "'문자'야말로 진정한 마술지팡이지요."(Novalis Briefwech-

좋은 것일 수 있다고 여겨지는 표현상의 모종의 신비주의가 그들에게는 자주 그들의 아름다운 비밀의 상징으로서 쓰이고 있다."[35] 이와 유사한 맥락에서 노발리스도 이렇게 쓰고 있다. "사람들은 다수의 이념들을 단번에 딱 들어맞게끔 하려다가, 얼마나 자주 언어의 빈곤을 느끼는가."[36] 역으로 또한, "다수의 명칭들은 하나의 이념에게 유익하다"[37]라고도 말한다.

초기낭만주의에서의 이러한 신비적 용어법은 기지機智 Witz라는 형식에서 그 가장 보편적인 역할을 담당했다. 프리드리히 슐레겔과 나란히, 노발리스나 슐라이어마허도 기지의 이론에 대해 흥미를 나타냈다. 이 이론은 슐레겔의 단편들 속에서 최초이자 하나의 넓은 공간을 차지하고 있다. 그것은 근본에서는 신비적 용어법의 이론에 다름 아니다. 그것은 체계에 이름을 부여하려고 하는 시도이다. 즉 체계를 하나의 신비적인 [49]개별개념 속에서 파악하여 그 결과 체계적인 연관들이 이 개념 속에 포함되어 있게끔 하려는 시도이다. 그 경우, 어떤 항상적인 매개적 연관, 즉 개념들의 반성매체라는 것이 전제되어 있다. 신비적 용어 속에서와 같이 기지 속에서는 저 개념적 매체가 섬광처럼 나타난다. "만약 모든 기지가 보편철학[38]

sel, 90).

35. Athenäum 414.
36. Schriften 18.
37. Schriften 10.
38. [옮긴이]노발리스에게 철학이란 보편수학Universal-Mathematik에 다름 아니다. 모든 것 속에서 수의 신비를 목격함으로써 어디서든 자신의 집에 있는 듯한 마음이고자 하는 충동이 철학이다라고 말한다. 물론 여러 과학들의 통일로서의 '보편수학'을 철학으로 삼는 사고는 데카르트로부터 시작된다.

의 원리와 기관이고, 모든 철학은 보편성의 정신, 영원히 화합하다가 다시금 분리되는 모든 학문들의 학문, 하나의 논리적인 화학에 다름 아니라고 한다면, 저 절대적이고 열광적인, 철저하게 실질적인 기지의 가치와 위엄이란 무한한 것이며, 베이컨도 라이프니츠도…… 전자는 이러한 기지의 최초의 거장들 중 하나이며 후자는 그 최대의 거장들 중 하나였다."[39] 기지가 때로는 '논리적인 사교성'[40]으로서, 또 때로는 '화학적인…… 정신'[41], '단편적인 독창력'[42] 또는 '예언적 능력'[43]으로서 성격지어지고, 더 나아가 노발리스의 경우에서는 '고차의 영역에서의 마술적인 색채유희'[44]로서 특징지어진다고 한다면, 이것들은 모두 개념들이 그것들에 고유한 매체 속에서 행하는 운동에 관해 말해진 것으로, 이러한 운동은 기지 속에서 일어나며 신비적 용어 속에서 나타나고 있다. "기지는 환상의 현상, 환상의 외적 섬광이다. 신비주의가 기지와 유사한 것도…… 그 때문이다."[45] 「불가해함에 관하여」라는 논문에서 슐레겔은 다음과 같은 점을 보이고자 한다. "말이라는 것은 자주, 그것이 사용되는 그 대상보다도 한층 더 낫게 이해되는 것이다. …… 철학적 언어들 사이에는 비밀 결사연합이 있음에 틀림없다. …… 본래 이치에 합당한 것, 이해되는 것을 목표로 하는 학문과 예술에서야말

* *

39. Athenäum 220. 계속 이어지는 논의도 참조할 것.
40. Lyzeum 56.
41. Athenäum 366.
42. Lyzeum 9.
43. Lyzeum 126.
44. Schriften 9.
45. Ideen 26.

로 그리고 그러한 철학과 문헌학에서야말로, 사람들은 가장 순수하고 참된 불가해함을 얻는다.'[46] 슐레겔은 기회 있을 때마다, "강인하고 불같은 이성"에 관해 말하고 있지만, "그것은 기지를 본래의 기지로 만들고 순수한 양식에 탄성과 전기電氣를 부여하는" 일을 말한다. 그가 이러한 이성을 |50|"보통 이성이라고 일컫는 것"에 대립시켰을 때,[47] 그는 명백히 자신의 사고방식을 지극히 적절하게 표현한 셈이다. 이미 말했듯이 그것은 모든 개개의 착상에 의해 거대한 관념 덩어리를 움직인 사람, 그 정신적 및 육체적인 외양에 의한 표현에서 둔중함과 격정의 상태를 하나로 통일시킨 사람의 사고방식이었다. 마지막으로 논의를 매듭지으면서 제기되어야 할 것은, 과연 슐레겔에게서 이처럼 명확하고 결정적으로 나타나고 있는 저 용어법적 경향에는 응당 모든 신비적인 사유에 대한 하나의 전형으로서의 의의가 귀속하는 것은 아닌가라는 물음이다. 아울러 그 의의의 보다 면밀한 탐구는 헛수고로 끝나는 것이 아니라 그것은 궁극적으로는 각 사상가의 용어법의 근저에 있는 아 프리오리a priori [선험성]에로 나아갈 것이다.

낭만주의의 '술어Kunstsprache,[48]는 논전상의 동기나 순수 문학적인 동기로부터 만들어진 것이 아니라, 오히려 위에서 말한 보다 깊은 의도에 바탕해서 만들어졌다. 엘쿠스는 이들 술어의 '과잉형성'[49]에 관해 말하고 있는데, 그 경우 그는 잘못 판단하고 있지는 않다. "저

• •
46. Jugendschriften Ⅱ, 387.
47. Lyzeum 104.
48. Elkuß 44.
49. Elkuß 44.

여러 사변들은 확실히 각 개인의 의식에 대해 어디까지나 현실적인 기능을 가졌을 것이다. 그리하여 낭만주의자들이 선험론적 시로부터 마술적 관념론[50]에 이르기까지의, 저 신비적 기호 전체에서 소유한다고 여겼던 요구와 …… 인식의 총체를 발전시켜야 하는 곤란한 과제가 생긴다."[51] 저 신비적 표현들의 수는 사실 많지만, 그것들 중 몇몇, 즉 선험론적 시나 아이러니 개념과 같은 것에 대해서는 이 연구의 진행과 함께 해명이 이루어질 것이다. 그 이외의 것, 예를 들면 낭만적인 것이나 아라베스크 같은 개념은 여기에서는 아주 간단하게만 다루어질 수 있고 더 나아가 가령 문헌학이라는 개념은 여기에서는 전혀 다루어지지 않는다. 이에 비해 낭만주의적 비평 개념 자체는 신비적 용어법의 모범적인 경우이고, 이런 이유에서도 결국 본 논문은 낭만주의적인 예술비평 이론의 재현이 아니라 예술비평이라는 개념의 분석인 셈이다. 이 분석은 여기에서는 아직 개념의 내용에 관해서가 아니라 단지 그 용어법적인 관계들에 관해서만 이루어진다. 이들 용어법적인 관계들은 예술비평으로서의 비평이라는 말이 지닌 좁은 의미를 넘어간다. 그러므로 [51]낭만파Romantische Schule에 의해 그 명칭이 부여되고 있는 저 용어와 나란히, 비평이라는 개념을 낭만파의 비교적秘教的인 주요개념이 되게 하였던 저 주목할 만한 관련맥락이 일별되지 않으면 안 된다.

모든 철학적 및 미학적인 전문어들 가운데서 비평이나 비평적이라는 말은 초기낭만주의자들의 저작들 속에 가장 빈번하게 등장하

50. [옮긴이]노발리스는 자신의 입장을 '마술적 관념론'이라 부르고 있다.
51. Elkuß 40.

고 있다고 말할 수 있다. "그대는 하나의 비평^{Kritik}을 창조하고 있네"[52]라고 노발리스는 1796년에 자신의 친구에게 쓰고 있는데, 이때 그는 친구에게 최고의 찬사를 바치려고 하는 것이다. 그로부터 2년 후 슐레겔은 자신이 "비평의 깊이로부터" 출발했노라고 스스로 의식하면서 말하고 있다. '보다 높은 수준의 비평주의'[53]란, 이 두 친구들에게는 그들의 이론적인 노력 전체에 대한 잘 알려져 있는 호칭이다. 비판^{Kritik}이라는 개념은 칸트의 철학적 저서를 통해서 젊은 세대에게 말하자면 마술적인 의미를 획득하고 있었다. 어쨌든 이 개념과 뚜렷한 방식으로 결부되어 있었던 것은 결코 단순히 판정할 뿐인, 비생산적인 정신적 태도라는 의미가 아니었다. 오히려 비평적이라는 용어는 낭만주의자들과 사변철학에게는 사려 깊음^{Besonnenheit}에서 출발한 객관적이고 생산적이며 창조적인 것을 의미했다. 비평적이란, 여러 속박의 그릇됨을 통찰함으로써 말하자면 마술적으로 진리의 인식이 울려 퍼지는 곳까지 일체의 속박을 넘어 사유를 고양시키는 것에 다름 아니었다. 이러한 적극적인 의미에서 비평적인 방식은 반성적 방식과의 생각될 수 있는 가장 밀접한 친근성을 획득하며, 이 양자는 다음과 같은 진술 속에서 서로 상대편 속으로 이행해 있다. "자기 자신의 사용방법의 관찰[54], 즉 비판이라는 것으로부터 출발하는 모든 철학에서도 그 시초는 언제나 무언가 독자적인 것을 갖고 있다."[55] 슐레겔이 "추상, 특히 실천적인 추상이란 결국은

· ·

52. Briefwechsel 17.
53. Schriften 428. '보다 고차적인'(Athenäum 121) 또는 '절대적인' 비판이라고도 칭한다.
54. 즉 의식적, 반성적 관찰.

비평에 다름 아닐 것이다'[56]라고 말할 때에도, 이와 동일한 점을 의미하고 있다. 왜냐하면 그는 피히테의 경우에서 "반성 없이 는…… 어떠한 추상도, 또한 추상 없이는 어떠한 반성도'[57] 가능하지 않음을 읽어내고 있었기 때문이다. 그리하여 결국은 그것을 '참된 신비주의'[58]라고 명명하고 있는 그의 형을 격분시켜서까지, 그가 "모든 단편들도 비평적이다", "비평적이라는 것과 [52]단편들은 동어반복일 것이다'[59]라고 주장하는 것은 더 이상 결코 불가해한 것이 아니다. 왜냐하면 그에게 단편 —— 이것도 하나의 신비적 용어이다 —— 은 모든 정신적인 것과 마찬가지로 하나의 반성매체이기 때문이다.[60] 비평개념의 이러한 적극적인 강조는 사람들이 생각하고 있는 만큼 칸트의 관용어법과 다르지는 않다. 그 용어법 속에 신비주의의 정신이 적잖이 포함되고 있었던 칸트는 독단론[61]과 회의론[62]이라는 두 배척된 입장에 대해, 자신의 체계의 정점이 될 터였던 참된 형이상학보다도 오히려 그의 체계가 그 이름에서 개시되었던 '비판'

• •

55. Vorlesungen 23.

56. Vorlesungen 421.

57. Fichte 67.

58. Aus Schleiermachers Leben III, 71.

59. Briefe 344.

60. 이에 대해선 Athenäum 22, Athenäum 206을 참조할 것.

61. [옮긴이]칸트의 비판주의의 입장에서 볼 때, 인식능력의 기원이나 한계를 비판적으로 반성하지 않고, 인식을 감성에서 독립된 이성의 산물로서 간주하는 입장을 말한다. 특히 데카르트, 스피노자, 라이프니츠 등의 철학을 가리킨다.

62. [옮긴이]독단론이 인식능력의 전능을 무비판적으로 전제한 데 비해, 애초부터 인식의 보편성을 의심하고 부인하는 입장이다. 칸트는 독단론과 회의론을 비판적으로 종합했다.

을 제시함으로써, 그는 이 비판이라는 개념의 적극적인 의미를 준비하고 있었다. 그러므로 비판개념은 이미 칸트에게서 이중의 의미를 띠고 있고 이 이중의 의미가 낭만주의 시인들의 경우에 배가되고 있는 것으로, 이는 그들이 비평이라는 말을 통해 동시에 칸트의 역사적인 업적 전체를 고려하고 있는 것이지 단지 그의 비판개념만을 생각하고 있는 것은 아니기 때문이라고 해도 좋다. 마지막으로 그들은 이 개념의 피할 수 없는 부정적 계기도 보존하고 또한 활용해야 함을 알고 있었다. 결국 낭만주의적 시인들은 그들의 이론철학의 요구와 성과 사이의 엄청난 불일치를 무시할 수 없었다. 바로 그무렵, 비평이라는 말이 적당한 시기에 다시금 출현했다. 왜냐하면 이 말은, 비판적인 작업의 효력이 아무리 높게 평가되더라도, 이 작업에는 본디 완결이라는 것은 있을 수 없다는 것을 뜻하기 때문이다. 이러한 의미에서 낭만주의자들은 비평이라는 이름하에, 그들의 노고의 피할 수 없는 불충분함이라는 것을 동시에 인정했고, 이것을 필연적인 불충분함으로서 특징짓고자 시도했으며 또한 마침내 이 비평개념 속에서 무오류성의 필연적인 불완전성이라고도 말할 수 있는 것을 암시했던 셈이다.

끝으로 비평개념에 대해서는 그 좁은 의미의 예술이론적인 의미에 있어서도 어떤 특수한 용어법적인 연관이 적어도 추정적으로나마 규명되지 않으면 안 된다. 낭만주의자들과 더불어 비로소, 예술비평가Kunstkritiker라는 표현이 그때까지의 예술판정가Kunstrichter라는 표현에 대해 최종적으로 확고한 지위를 얻게 되었다. 예술작품을 재판한다는 사고방식, 성문법 내지 불문율에 얽매인 판결이라는 사고방식은 기피되었다. 그러한 판결의 예로서는 레싱이나 빙켈만

까지는 말하지 않더라도 고트셰트가 생각되고 있었다. 그러나 이와 꼭 마찬가지로 사람들은 또한 질풍노도[63]의 이론에 대해서도 의견을 달리한다는 것을 느끼고 있었다. |53|이 이론은 분명 회의적 경향에 의한 것은 아니지만 천재성의 올바름에 대한 무제한적인 신뢰에 의해, 판정상의 확고한 근본명제나 규준들 일체를 폐기시키는 쪽으로 이끌었다. 전자[고트셰트]의 방향은 독단론적이라고 생각되고 후자[질풍노도의 이론]의 방향은 그 결과에서 회의론적이라고 간주될 수 있었다. 그러므로 예술이론에서의 이 두 방향의 입장의 극복이, 칸트가 인식론에서 저 [독단론과 회의론의] 대립을 조정한 때와 같은 이름 하에서 수행되는 것은 지극히 자연스러운 일이었다. 「그리스 포에지 연구에 관하여」라는 논문의 서두에서 슐레겔이 당시의 여러 예술의 방향에 관해 수행하고 있는 전망을 읽는 사람은, 그가 예술이론의 문제 상황과 인식론의 문제 상황 간의 유사성을 다소간 명확히 의식하고 있었음을 확인할 것이다. 그는 이렇게 쓰고 있다. "여기[전자]에서 그것[64]은 그 권위의 인장(印章)에 의해 인가된 작품들을 모방을 위한 영원한 선례로서 추천했다. 그러자 저기[후자]에서 예술은 절대적인 독창성을 모든 예술적 가치의 최고의 척도로서 확립하고, 모방에 대한 가장 어렴풋한 의혹에 대해서조차 무한한 오명을 씌웠다. 예술은 스콜라적인 갑옷과 투구를 착용하고서 지극

---

63. [옮긴이]18세기 말 독일의 정신적 세계, 특히 문학계에 나타난 일종의 반항적 · 혁명적 기운으로, 이는 문학사의 한 시기를 뒤흔든 경향이 되었다. F. 클링거의 동명 희곡의 이름을 따서 흔히 이와 같이 부른다. 괴테의 『젊은 베르테르의 슬픔』 등은 이 문학운동에서 생겨났다.

64. 즉 예술.

히 자의적이고 명백히 어리석은 법칙에도 무조건적으로 복종하는 것을 강력하게 요구했다. 혹은 그렇지 않으면 신비적인 신탁에 기초하여 천재를 신과 같이 우러러보고, 예술적 무법칙성이라는 것을 제일의 근본원칙으로 삼으며, 불손한 미신에 의해 때로는 매우 애매한 것이었던 여러 계시들을 숭배했다."[65]

65. Jugendschriften I, 90.

Ⅳ. 초기낭만주의의 자연인식론

비평은 그 대상의 인식을 포함한다. 그러므로 초기낭만주의의 예술비평 개념의 서술은 그 기초를 이루고 있는 대상인식 이론의 특성서술을 필요로 한다. 대상인식은 위에서 그 이론이 제시되었던 체계 또는 절대자의 인식과는 구별되어야 한다. 그러나 대상인식은 절대자의 인식으로부터 도출될 수 있다. 대상인식은 자연의 대상들과 예술작품들에 관한 것으로, 최초의 낭만주의자들은 다른 어떠한 형성물보다도 더한층 이것들에 대한 인식론적인 문제성에 몰두했다. [54] 초기낭만주의의 예술인식론은 비평이라는 표제 하에 누구보다도 프리드리히 슐레겔이, 자연인식론은 특히 노발리스가 만들어 냈다. 이 두 이론의 형성에서는 일반적인 대상인식론의 다양한 특징들로부터, 때로는 자연인식론 내에서 예술인식론이, 또 때로는 예술인식론 내에서 자연인식론이 특히 명확한 모습을 나타내고 있으므로, 한편의 형성을 철저하게 이해하기 위해서는 다른 편의 형성도 적어도 고려되지 않으면 안 된다. 자연인식론을 일별하는 것은 예술 비평 개념의 서술에 있어 불가결하다. 양자는 일반적인 체계적 전제들에 동일한 정도로 의존해 있고, 또한 그 전제들에 따른 귀결들로서 그 전제들과 조화를 이룰 뿐만 아니라 상호 간에도 조응하고 있다.

대상인식론은 반성개념이 대상에 대해 갖는 의미에 있어서 이 개념을 전개하는 것에 의해 규정되어 있다. 모든 현실적인 것과 마찬가지로 대상은 반성매체 속에 존재한다. 반성매체란 그러나 방법적 또는 인식론적으로 보자면 사유의 매체이다. 왜냐하면 그것은 사유의 반성의 도식, 즉 규준적인 반성의 도식에 따라 형성되어 있기 때문이다. 이러한 사유의 반성이 규준적인 반성이 되는 것은, 사유의 반성이라는 것 속에 모든 반성의 두 근본계기들인 자기활동성과 인식작용이 가장 명료하게 각인되어 존재하고 있기 때문이다. 왜냐하면 사유의 반성에서는 틀림없이 단지 그 자신만으로 반성할 수 있는 것, 곧 사유 자신이 반성되고 사유되기 때문이다. 그러므로 사유는 자발적으로 사유되는 것이다. 그리고 사유는 자기 자신을 반성하는 것으로서 사유되기 때문에, 그것은 자기 자신을 직접적으로 인식하는 것으로서 사유된다. 사유의 이러한 자기 자신에 의한 인식 속에, 이미 말했듯이 전체적으로 모든 인식이 포함되어 있다. 그러나 저 단순한 반성, 즉 사유의 사유가 낭만주의자들에 의해 아 프리오리하게 사유의 하나의 인식작용으로서 파악되었던 것은 그들이 저 제일의 근원적이고 질료적인 사유, 즉 감각이라는 것을 이미 내용 충만한 것으로서 전제하고 있는 데에서 유래한다. 이러한 공리에 기초하여, 반성매체가 체계가 되고 방법적인 절대자가 존재론적인 절대자가 된다. 이러한 절대자는 자연, 예술, 종교 등으로서 다양한 방식으로 규정된다고 생각될 수 있다. 그러나 그것은 사유의 매체, 사유하는 관계의 연관이라는 성격을 결코 잃지 않고 있을 것이다. 그러므로 그것의 모든 규정들 속에서, 절대자는 하나의 사유하는 자로서 머무는 것이며, 사유하는 존재자야말로 절대자를 채우고 있는 모든 것이다. 이리하여 [55] 대상인식론에서의 낭만주의적인 근본명제가 나타난 셈이다. 즉 절대자 속에 있는 일체, 일체의 현실적인 것은 사유한다. 일체의 것은, 이 사유가 반성의 사유이기 때문에, 오로지 자기 자신만을, 보다 정확하게 말하면 오로지 자기 자신의 사유만을 사유할 수 있다. 그리고 이러한 자기 자신의 사유는 하나의 충일된 실체적인 사유이기 때문에, 그것이 스스로를 사유함으로써 동시에 자기 자신을 인식한다. 절대자 및 절대자 속에 존재하는 것이 자아라고 불리는 것은 단지 어떤 전적으로 특수한 관점 아래에서만이다. 빈디쉬만 강의는 어떠하든 간에, 아테네움 단편은 절대자를 그러한 관점에서 보지는 않는다. 노발리스도 또한 자주 이러한 관찰방식을 경시하고 있는 것으로 보인다. 모든 인식은 어떤 사유하는 존재자의 자기인식이지만, 이 존재자가 자아일 필요는 없다. 게다가 비아나 자연에 대립하고 있는 피히테적 자아는, 슐레겔이나 노발리스에게는 자기라는 것의 무한히 많은 형식들 내의 단지 하나의 보다 낮은 차원의 것에 지나지 않는다. 낭만주의자들에게는 절대자의 입장에서 볼 때 비아, 즉 자기가 되지 않는 존재자라는 의미에서의 자연은 존재하지 않는다. 노발리스의 경우에는 "자기성은 모든 인식의 근거이다"라고 말해지고 있다. 모든 인식의 시발점은 그러므로 하나의 사유하는 존재자 내에서의 반성이라는 사건이며, 이것에 의해 존재자는 자기 자신을 인식하는 것이다. 사유하는 존재자에 의한 모든 인식됨은 사유하는 존재자의 자기인식을 전제한다. "우리가 사유할 수 있는 모든 것들은 스스로[2] 사유한다. 즉 사유의 문제이다"[3]라는 명제를, 프리드리히 슐레겔이 죽은 친구의 단편들을 직접 정리해 출판한 책의 서두에 싣고 있는 것도 이유가 없는 것은 아니다.

이와 같이 모든 객체 인식이 객체의 자기인식 속에 제한되어 있음을 노발리스는 꾸준히 주장했다. "지각할 수 있다는 것은 주의 깊음이다"[4]라는 간명한 명제 속에, 그것을 지극히 역설적인 동시에 명백한 모습으로 주장했다. 이 명제에서 자기 자신에게서의 대상에 대한 주의 깊음이라는 것을 넘어, 지각하는 자에 대한 주의 깊음이라는 것이 의미되고 있는가 어떤가는 어느 쪽이든 무방하다. 왜냐하면 노발리스가 이 사상을 명료하게 표명하여 "우리가 화석을 보게 되는 곳인 모든 술어들 속에서 화석이 우리를 본다"[5]라고 말할 때조차, |56| 보는 자에 대한 어떤 주의 깊음은 사물이 사물 자신을 보는 능력에 대한 징후로서만 의미가 있는 것이라고 이해될 수 있기 때문이다. 그러므로 반성매체의 저 근본법칙은, 사유와 인식 영역 외에 또한 지각의 영역도 포괄하며, 이리하여 마침내 활동성의 영역마저 포괄한다. "재료가 처리되기 위해서는 재료가 자기 자신을 처리하

. .

1. Schriften 579.
2. 즉 자기 자신.
3. Schriften 285.
4. Schriften 293.
5. Schriften 285.

지 않으면 안 된다"[6]라는 것이, 저 근본법칙성에 의해 기초지어진 법칙이다. —— 인식과 특히 지각이 말하자면 반성의 모든 차원에 관계되고 모든 차원 속에 기초지어져야 한다. "사람들이 어떠한 물체를 볼 때에도, 그것은 그 물체가 물체 자신을 보고 또한 사람들이 자기 자신을 보는 곳까지 도달하는 것은 아닌가?"[7] 어떠한 인식도 오로지 자기로부터만 출발하듯이, 그것은 또한 자기에만 이른다. "영상이 눈과 빛의 작용이듯이, 사상은 오로지 사상에 의해서만 충족되고 오직 사유의 기능들일 따름이다. 눈은 눈 이외의 것을 보지 못하고, 사유의 기관은 사유의 기관 또는 이것에 속하는 요소 이외를 보지 못한다."[8] —— "눈이 오직 눈을 보듯이, 지성은 오직 지성을, 영혼은 오직 영혼을, 이성은 오직 이성을, 정신은 오직 정신을 등등 볼 뿐이다. 상상력은 오직 상상력을, 감각은 오직 감각을 볼 따름이다. 신은 오직 신에 의해서만 인식된다."[9] 이 마지막 단편에서, 어떠한 존재자도 오직 자기 자신만을 인식한다는 사상이, 어떠한 존재자도 오직 그 자신과 같은 것만을 인식하고 또한 그 자신과 같은 존재자에 의해서만 인식된다는 명제로 변용되어 나타난다. 그것에 의해, 인식에서의 주체와 객체의 관계라는 문제가 접해지고 있지만, 그러나 이 문제는 낭만주의적으로 파악된 자기인식에게는 별 문제가 아니다.

자기인식의 외부에서의 인식, 즉 객체의 인식은 어떻게 가능한

6. Schriften herausgegeben von Minor III, 166.
7. Schriften 285.
8. Schriften 355.
9. Schriften 190.

가? 낭만주의적 사유의 원리에 따르면, 그러한 것은 사실상 불가능하다. 자기인식이 없는 곳에서는 어떠한 인식도 전혀 존재하지 않으며, 자기인식이 있는 곳에서는 주체-객체-상관개념은 폐기되어 있다. 즉 객체라는 상관개념을 가지지 않는 주체가 주어져 있다. 그럼에도 불구하고 현실성이라는 것은, 어떠한 실재적인 상호관계에로 서로 다가설 수 없는 듯한 자기내 완결적인 모나드들[10]의 총합이 아니다. 이와 전혀 반대로, 현실적인 것에서의 모든 통일성들은 절대자 자신 이외는 단지 상대적인 것이다. 모든 통일성들은, 자기 자신 속에 |57|완결되어 있어 다른 것과의 관계를 갖지 않는 것이 아니라, 그것들의 반성의 고조(포텐츠의 고양, 낭만화, 본서 54쪽 참조)에 의해 오히려 다른 여러 존재자들, 반성의 여러 중심들을 더욱더 그것들의 통일에 고유한 자기인식에로 동화시킬 수 있다. 이러한 낭만주의적인 사고방식은 그러나 단지 개개 인간적인 반성의 중심들에 관해서만 들어맞는 것이 아니다. 단지 인간만이 반성 내에서 높여진 자기인식에 의해 그의 자연물들을 확장할 수 있는 것이 아니라, 이른바 자연물들도 똑같이 이 일을 해낼 수 있다. 이들 자연물에게 그 과정은 보통 이것들이 인식된다고 불리고 있는 사정에 본질적으로 관계되어 있다. 즉 사물은 그것이 자신 속에서 반성의 정도를 높이고 그 자기인식 내로 다른 존재자를 포괄함에 따라서, 그 근원적인 자기인식을 다른 여러 존재자에게로 발산시킨다. 이러

---

10. [옮긴이]모나드Monad. 그리스어 모나스(Monas, '하나'를 뜻함)에서 유래한 말로, 라이프니츠가 실재의 단위를 이렇게 불렀다. '단자單子'라고도 부른다. 모나드는 우주 전체를 자신 속에 반영한 완결적 실체이기 때문에, 다른 것과 관계하는 창窓이 없다고 한다.

한 방식으로도 인간은 다른 여러 존재자의 저 자기인식에 관여할 수 있다. 그리고 이 길은 두 존재자들의, 근본적으로는 반성적으로 산출된 종합의 자기인식인 상호인식이라는 점에서, 앞서 말한 길과 일치하게 될 것이다. 따라서 인간에게 어떤 존재자에 관한 자신의 인식으로 보이는 것은 모두, 그 존재자 내에서의 사유에 의한 자기인식이 그 인간 속에 반사된 것이다. 그러므로 어떤 사물이 단지 인식된다는 것은 인간이 부여하는 것이 아니다. 그러나 마찬가지로 또한, 사물 또는 존재자가 단지 자기 자신에 의해서만 인식되는 사태에 제한되어 있는 것도 아니다. |58|인간 내에서의 반성의 정도의 고조[11]는 오히려 자기 자신에 의해 인식되는 것과 타자에 의해

· ·
11. 사실 인식에서는 반성의 고조, 포텐츠화만이 문제이다. 이것에 역행하는 운동이란, 슐레겔과 노발리스가 반성의 사유도식에서도 반성에 의한 인식에 있어서도 이런 견지에서는 그릇되게 도식화하고 있는 저 상론에도 불구하고, 생각할 수 없는 것으로 보인다. 그러한 운동이 또한 개개의 경우에서도 그들에 의해 주장된 적은 한 번도 없었다. 왜냐하면 반성은 분명 고조될 수 있기는 하더라도, 다시금 감소되지는 않기 때문이다. 감소는 종합도 분석도 만들어내지 않는다. 다만 반성의 고조들의 감소는 생각될 수 없지만 중단은 생각될 수 있다. 반성의 중심들이 절대자와 맺는 관계는 물론이고 반성의 중심들 상호 간의 관계 전체도 오직 반성의 고조에만 의존할 수 있을 뿐이다. 이러한 이의제기는 적어도 내적 경험을 통해 시사되고 있는 것으로 보인다. 물론 이 내적 경험을 명확히 규정하는 것은 곤란하기는 하다. 여기에서 개별적인 비판적 소견을 말한 김에 다음과 같은 점도 말해두기로 하자. 즉 반성매체의 이론은 이 논문에서는 낭만주의자들이 완성한 것 그 이상으로는 추구되지 않는데, 그것은 낭만주의적 예술비평 개념의 체계적 서술에 있어서는 이것으로 충분하기 때문이다. 순수 비판적인 논리적 관심에서는 낭만주의자들이 그것을 애매한 그대로 방치한 한도에까지 이 이론을 한층 더 검토하는 것이 바람직한 일이기도 할 것이다. 그러나 이러한 작업마저 실은 단순히 애매한 결과로 끝날 우려가 있다. 한정된 형이상학적 관심에서 구성된 이론은, 설령 그로부터 예술이론 상의 몇몇 명제가 독자적인

인식되는 것 사이의 경계를 사물에서 폐기시키고, 이리하여 반성의 매체 속에서 사물과 인식하는 존재자가 서로 상대방 속으로 이행하는 것이다. 양자는 반성의 단지 상대적인 단위들이다. 그러므로 실은 주체에 의한 객체의 인식이라는 것은 존재하지 않는다. 모든 인식은 절대자 내에서의, 또는 만일 그렇게 말하고자 한다면 주체 내에서의, 하나의 내재적 연관이다. 객체라는 술어는 인식에서의 어떤 관계를 칭하는 것이 아니라 오히려 관계의 결여를 칭하고 있으며, 여하튼 인식관계가 드러날 때 그 의미를 잃는 것이다. 인식은 반성 속에서 사방팔방으로 계류되어 있는 것으로, 그것은 노발리스의 『단편』이 다음과 같이 암시하는 그대로이다. 즉 어떤 존재자가 다른 존재자에 의해 인식되는 것은 인식되는 것의 자기인식, 인식하는 것의 자기인식, 더 나아가 인식하는 것이 그 스스로가 인식하는 존재자에 의해 인식되는 것 —— 이것들과 동시에 일어난다. 이것이 대상인식에 대한 낭만주의 이론의 근본명제의 가장 면밀한 형식이다. 이것이 자연의 인식론에 대해 지니는 영향범위는 특히 이것에 의존하고 있는 지각 및 관찰에 대한 명제들 내에 있다.

지각은 비평의 이론에 대해 아무런 영향을 주지 않기 때문에 여기에서는 논의를 생략하고 넘어가야 한다. 여하튼 이 인식론은 지각과 인식 간의 어떠한 구별에도 성공할 수 없다는 것, 그리고 본질적으로는 지각의 두드러진 특징들을 인식에도 부여하고 있다는 것은 명백하다. 이 인식론에 따르면, 인식은 적어도 지각이 그렇

••
　　성과를 거두는 일이 있다 할지라도, 전체로서는 순수 논리적인, 풀리기 어려운 모순으로 이끄는 것이다. 이것은 특히 근원반성의 문제에서 그러하다.

게 할 수 있는 것과 동일한 정도로 직접적이다. 그리고 지각의 직접성의 가장 가까운 정초도 또한 마찬가지로, 지각하는 것과 지각되는 것에 공통인 어떤 매체로부터 출발하고 있다. 이는 철학의 역사가 주체와 객체의 부분적인 질료적 침투에서 지각이 유래한다고 쓰고 있는 데모크리토스에서 나타내 보이는 바와 같다. 그리하여 또한 노발리스에서도 다음과 같이 말해지고 있다. "별은 망원경 속에 나타나며, 그 속으로 관통한다. …… 별은 자발적인 천체이며, 망원경 또는 눈은 감수성을 지닌 천체이다."[12]

[59]인식매체 및 지각매체에 관한 이 이론에는 비평개념의 이해에 직접적인 의미를 갖는, 관찰에 관한 이론이 연관되어 있다. '관찰' 및 이와 매우 자주 동의어로 사용되는 실험이라는 표현은 또한 신비적 용어법의 어휘이다. 초기낭만주의가 자연인식의 원리에 대해 설명하고 또한 비밀에 부치지 않으면 안 되었던 것은 이들 어휘에서 최고 정점에 달하고 있다. 관찰이라는 개념에 의해 대답이 주어지는 물음은 다음과 같다. 현실적인 것이 하나의 반성매체임을 전제하는 가운데 자연을 인식하기 위해서는, 연구자는 어떠한 태도를 취해야만 하는가? 인식되어야 하는 것의 자기인식 없이는 어떠한 인식도 불가능하다는 것, 그리고 자기인식은 반성의 중심(즉 관찰자)이 반복된 반성을 통해 타자(즉 사물)의 포괄에까지 높여짐으로써 반성의 중심에 의해 타자 속에서 단지 환기될 수 있는 데 지나지 않음을 연구자는 알 것이다. 주의해야 할 점으로는 이 이론이 처음에는 피히테가 순수 철학을 위해 표명했던 것이며, 그것에 의해 이 이론

12. Schriften 563.

이 얼마나 깊이 초기낭만주의 사유의 순수 인식론적 동기들과 결부되어 있는가에 대한 하나의 시사를 주고 있다는 사실이다. 그는 다른 여러 철학과는 대조적인 학문론이라는 것에 관해 다음과 같이 말하고 있다. "학문론이 자신의 사유의 대상으로 삼고 있는 것은, 학문론이 수행하는 연구에 대해 완전히 수동적인 죽은 개념이 아니라…… 자기 자신 내로부터 그리고 자기 자신을 통해 여러 인식을 산출하는, 따라서 철학자는 단지 그에 대해 지켜보고 있을 뿐인, 생동하는 것이자 활동적인 것이다. 이 사태에서의 철학자의 소임은 이 생동하는 것을 합목적적인 활동 속으로 옮겨놓으며, 그 생동하는 것의 활동을 지켜보고 그것을 포착하고 그리고 하나의 것으로서 개념적으로 파악하는 것 이상이 아니다. 그는 하나의 실험을 행하는 셈이다. …… 객체가 어떻게 스스로를 나타내는가는…… 객체 자신의 문제이다. …… 학문론과 반대인 여러 철학에서는…… 단지 일련의 사유, 철학자의 사고의 계열만이 존재할 뿐이다. 왜냐하면 사유의 소재는 그 자체 사유하는 것으로서 받아들여지지 않기 때문이다."[13] 피히테에게 자아로 여겨지는 것이 노발리스에서는 자연의 대상에 해당되며, 또한 그것이 당시의 자연철학[14]의 중심명제가 되고 있다.[15] |60|피히테가 앞서 부여한 실험이라는 이 방법의 호칭은

· ·

13. Fichte 454. [옮긴이]『학문론의 제2서론』에서의 인용.

14. [옮긴이]이러한 자연철학으로서는 셸링의 그것이 가장 대표적이다.

15. 괴테도 또한 이와 유사한 견해를 취하고 있다. 그의 자연관찰의 궁극적인 의도는 확실히 그가 거리를 두고 있었던, 지금 문제가 되어 있는 낭만주의 이론과는 전혀 일치하지 않는다. 그럼에도 불구하고 다른 시각에서 본다면, 그에게는 경험이라는 개념이 발견되며, 이것은 관찰이라는 낭만주의적 개념과 대단히 유사하다. "대상과 전적으로 하나가 되고 그에 의해 본래의 이론이 되는 유연한

자연의 대상에 대해 특히 쉽게 이해되었다. 실험의 본질은 관찰되는 것 속에서 자기의식과 자기인식을 소환한다는 데에 있다. 어떤 사태를 관찰한다는 것은 단지 그것을 자기인식에로 옮긴다는 의미에 지나지 않는다. 실험이 성공하는가 아닌가는 실험자가 그 자신의 의식의 고양, 즉 만일 그렇게 부를 수 있다면 마술적 관찰이라는 것을 통해서 얼마만큼 대상에 접근하고 결국은 그것을 자기 자신 속으로 거두어들이는가에 달려 있다. 노발리스가 참된 실험자에 대해 자연은 "실험자의 구조가 자연과 조화하고 있으면 있을수록, 그를 통해 더욱더 완전하게 자기를 나타낸다"[16]라고 말하는 것도, 더 나아가 실험에 대해서는 그것이 "대상의 단순한 확장, 분해, 다양화, 강화"[17]라고 말하는 것도 그러한 의미 때문이다. 그런 이유에서 그는 괴테의 다음과 같은 의견에 찬동하여 이것을 인용하고 있다. "모든 실체는 그것의 (원문대로!) 친밀한 보고報告를, 마치 자기 자신磁氣을 띤 철과 같이, 자기 자신에 대동하고 있다."[18] 이 보고에서 그는 대상의 반성을 탐지한다. 그런데 이것에 의해 그가 과연 어느 정도로 괴테의 진의에 적중하고 있는가는 여기에서는 그대로 놓아두지 않

• •
경험이라는 것이 있다. 그렇지만 정신적 능력의 이러한 고양은 고도로 형성된 시대에 속한다."(WA Ⅱ. Abt., 11. Bd., 128 f.) 이러한 경험이 대상 자체 속에 있는 본질적인 것을 파악한다. 그러므로 괴테는 말한다. "가장 지고한 일은 모든 사실적인 것이 이미 이론임을 파악하는 일일 것이다. 하늘의 창공은 우리에게 색채론의 근본법칙을 드러내고 있다. 현상의 배후에서 그 어떤 것도 요구하지 말라. 현상 자체가 이론이다."(WA Ⅱ. Abt., 11. Bd., 131). 낭만주의자들에게도 또한 현상은 그것의 자기인식 덕분에 이론인 것이다.

16. Schriften 500.
17. Schriften 447.
18. Schriften 355.

으면 안 된다. —— 반성의 매체, 인식의 매체, 지각의 매체는 낭만주의자들에서는 하나가 되어 있다. 관찰이라는 술어는 이들 매체의 이러한 동일성을 암시한다. 즉 보통의 실험에서는 지각과 그리고 실험경과의 계획적인 정비로 나뉘어 있는 것이 마술적 관찰에서는 하나가 되어 있다. 그리고 이러한 관찰은 그 자체 실로 하나의 실험이자, 이 이론에 따르면 유일하게 가능한 실험이다. 이 마술적 관찰은 또한 낭만주의자들이 말하는 의미에서 아이러니적 관찰이라고도 부를 수 있다. 즉 그것은 그것의 대상에서 단순히 개별적인 것, 한정된 것을 관찰하는 것이 아니다. |61|이 실험의 근저에 있는 것은 자연에의 어떠한 물음도 아니다. 오히려 관찰은 대상 속에서 발아하는 자기인식만을 주시한다. 혹은 차라리, 관찰이란 발아하는 대상의 식 자체이다. 그러므로 응당 그것은 아이러니적 관찰이라고 불러도 좋을 것이다. 왜냐하면 그것은 비지非知 또는 바라봄 속에서 한층 더 잘 알기 때문이고—— 즉 대상과 동일하기 때문이다. 따라서 만일 이 상관관계 일반을 끌어들이지 않는 편이 더 적절하다고는 말할 수 없다고 한다면, 그에 비해 인식에서의 객체적 측면과 주체적 측면의 일치에 대해 말하는 것은 허용되어 있을 것이다. 대상의 어떠한 인식과도 동시에 일어나는 것은 이 대상 자신의 본래적인 생성이다. 왜냐하면 인식이란 대상인식의 근본명제에 따르자면, 인식되어야 하는 것을 그렇게 인식되는 것으로 처음 형성해내는 과정이기 때문이다. 그러므로 노발리스는 말한다. "관찰의 과정은 주체적인 동시에 객체적인 과정이며, 관념적ideal인 동시에 실재적인real 실험이다. 관찰과정이 진정으로 완전하다면, 명제Satz와 산물Produkt은 동시에 완성되지 않으면 안 된다. 관찰되는 대상이 이미 하나의

명제이고 그 과정이 전적으로 사상 속에 존재한다면, 결과는……
단지 보다 높은 단계에서의 동일한 명제일 따름일 것이다."[19] 이
최종적인 진술과 함께 노발리스는 자연관찰의 이론을 넘어 정신적
형성물의 관찰 이론에로 이행해간다. '명제'란 그가 말하는 바에서
는 하나의 예술작품일지도 모른다.

19. Schriften 453.

제2부

예술비평

Ⅰ. 초기낭만주의의 예술인식론

[62]예술이란 반성매체의 한 규정이자, 아마도 지금까지 반성매체가 받아들인 가장 풍부한 규정일 것이다. 예술비평은 이 반성매체에서의 대상인식이다. 따라서 이하의 연구에서 제시되어야 할 것은, 예술을 반성매체로서 파악하는 것이 예술의 이념과 예술의 형성물의 인식에 그리고 이 인식의 이론에 어떠한 파급 효과를 낳고 있는가라는 점이다. 후자의 문제에 대해서는 지금까지 서술해온 모든 점들을 통해 충분히 그 논의가 진행되어 있으므로, 이제 본 고찰을 낭만주의적 예술비평의 방법에서 그 구체적인 성과 쪽으로 이동하기위해서는 단지 그 요점만을 개괄할 필요가 있다. [그런데] 낭만주의자들에 의해 예술이 하나의 반성매체로 간주되고 있음을 입증하는 어떤 특별한 근거를 찾고자 한다면, 그것은 완전한 실패로 귀결되어버릴 것임이 자명하다. 모든 현실적인 것을, 따라서 또한 예술을 이와 같이 해석하는 것은 그들에게는 [오히려] 하나의 형이상적인

신조였다. 이미 서론에서 시사했듯이, 이 형이상학적인 신조는 그들의 세계관의 중심적인 형이상적 근본명제는 아니었다. 그러기에는 그 신조의 형이상학적인 비중은 너무나도 사소한 것이었다. 따라서 설령 우리가 이 명제를 어떤 학문적 가설의 유비에 따라 다루거나 그것을 단지 내재적으로만 해명하거나 혹은 대상을 파악하기 위해 달성한 이 명제의 성과를 단서로 이 명제를 전개시키거나 하는 일이 아무리 합당한 맥락 속에 놓여 있다 하더라도, 다음과 같은 점을 결코 잊어서는 안 된다. 즉 낭만주의적 형이상학이나 낭만주의적 역사개념의 연구에 있어서는 사유하는 자[자아]로서의 모든 현실적인 것을 이렇듯 형이상학적으로 직관하는 방식은 그 인식론적 내용이 특히 중시되는 예술이론과의 관계에 의해 밝혀지는 바와는 한층 다른 측면을 드러내리라는 점이다. 하지만 본 논문에서는 현실적인 것의 형이상학적인 의미가 본래적으로 파악되는 것이 아니라 단지 낭만주의적 예술이론 내에서만 다루어질 것이다. 물론 이 예술이론 편에서야말로 직접적으로 그리고 훨씬 더 확실하게 낭만주의적 사유의 형이상학적인 깊이에 도달하기 마련이다.

빈디쉬만 강의의 한 대목에서는, |63|아테네움 시대의 슐레겔을 강력하게 요동케 했고 또한 그의 예술이론을 규정했던 사상의 희미한 여운이 여전히 들려온다. "무언가를 산출하는 일종의 사고, 따라서 우리가 자연의 자아와 세계–자아에 있다고 믿는 어떤 창조적 능력과 형식상 매우 유사성을 갖는 일종의 사고가…… 존재한다. 즉 그것은 창작하는 일das Dichten로서, 이는 어느 정도 그 소재 자체를 창조하는 일이다."[1] 이 사상은 저 [빈디쉬만] 강의에서는 더 이상 중요한 의미를 갖지는 않는다. 하지만 그것은 슐레겔이 이전에 예술

로서 생각하고 있었던 반성이 절대적으로 창조적인 것이자 내용적으로 충만한 것이라는 자신의 꽤 오래된 입장을 명료하게 나타내고 있다. 결국 그는 이 연구가 관계하고 있는 시대[2]에서는 자신이 [빈디쉬만] 강의에서 반성에 대해 '그 반성을 한정하는 의지'를 대립시키고 있는(본서 54쪽을 참조) 저 반성개념에서의 온화주의Moderantismus를 아직 몰랐던 셈이다. 그 이전에 그가 알고 있었던 것은 단지, 반성을 자기 자신에 의해 상대적, 자율적으로 한정하는 것에 지나지 않았지만, 이것이 지금부터 밝혀지듯이 예술이론 속에서 중요한 역할을 하고 있다. 후기 저작의 [내용적] 빈약함과 신중함은, 과거의 슐레겔에게 예술 속에서 가장 명확하게 나타나고 있었던 반성의 창조적인 전능全能을 제한하고 있는 데에 기인한다. 그가 초기에, 강의의 저 대목에서와 같은 명료함으로 예술을 하나의 반성매체라고 불렀던 것은 오로지 저 유명한 116번의 아테네움 단편에서이다. 거기에서는 낭만적 포에지에 관해 다음과 같이 말해지고 있다. 낭만적 포에지는 "대부분 서술되는 것과 서술하는 것 사이에서,[3] 모든…… 관심으로부터 해방되어, 포에지적 반성의 날개를 타고 그

* *
1. Vorlesungen 63.
2. [옮긴이]프리드리히 슐레겔이 잡지 『아테네움』을 통해 활동한 1798년부터 1800년을 중심으로 한 시대를 가리킨다. 이 무렵 주요 초기낭만주의자들은 예나에 모였으며, 이 서클의 사상은 이 시기에 결정적으로 형성되었다. 이 시대에 프리드리히 슐레겔의 주된 업적으로는 『그리스인과 로마인의 포에지의 역사』(1798), 단편 『뤼체움』(1797) 및 『아테네움』(1798-1800), 소설 『루친데』(1799), 「포에지에 관한 대화」(1800), 예나대학교에서의 강의 『선험론적 철학』(1800-1801), 「빌헬름 마이스터론」과 「레싱론」을 포함하는 『특성묘사와 평론』(1801) 등이 있다.
3. 여기에서는 시인과 그의 대상이 반성적 양극들로서 생각될 수 있다.

양극의 중간에서 떠다니며, 이 반성의 포텐츠를 점차 높여가고 또한 무수히 늘어놓은 거울 속에서와 같이 이 반성을 몇 갑절로 늘릴" 수 있다. 예술에 대한 생산적 및 수동적 관계에 관해 슐레겔은 말하길, "시적 감정의 본질은 아마도 사람들이 자신을 전적으로 자기 자신으로부터 촉발…… 할 수 있다는 데에 있을 것이다."[4] 즉 반성이 무로부터 발원하는 곳인 반성의 무차별점이 시적 감정이다. 이 정식화된 표현 속에 과연 심정능력들[즉 지성과 상상력]의 자유로운 유희에 대한 칸트의 이론—— 거기에서는 대상은 무가 되어 후퇴하고 단지 |64|정신의 자발적, 내적인 정조의 동기가 되어 있을 뿐이다 —— 과의 연관이 있는가 어떤가를 결정하기란 어려운 일일 것이다. 어쨌든 초기낭만주의의 예술이론과 칸트의 그것의 관계를 탐구하는 것은 낭만주의적 예술비평 개념에 관한 이 특수연구 논문의 틀 내에는 포함되지 않는다. 여기에서는 양자의 관계는 파악될 수 없기 때문이다. —— 노발리스도 또한 많은 표현 방법으로 예술의 근본구조가 반성매체의 근본구조임을 이해시키고자 했다. "시문학Dichtkunst은 아마도 우리 감관의 자의적이고 활동적이며 생산적인 사용일 것이다. 그리고 아마 사고도 그와 그다지 다른 것은 아닐 것이다. 따라서 사고와 창작은 같은 종류의 것이다"[5]라는 명제는 앞서 인용된 슐레겔의 강의에서의 진술과 매우 유사하고 또한 그 방향을 지시하고 있다. "자아의 시원은 단지 관념적이다. …… 그 시원은 자아보다 후에 성립한다. 그러므로 자아는 아직 개시되지 않은 것일 수도

● ●
4. Athenäum 433.
5. Schriften herausgegeben von Minor III, 14.

있다. 우리는 이로부터, 우리 스스로가 여기에서는 예술의 영역 속에 있음을 깨닫는다"고 노발리스가 말할 때, 그가 예술을 특별히$^{κατ'}$ ^{ἐξοχὴν} 반성매체로서 파악하고 예술이라는 말을 다름 아닌 반성매체와 동일한 의미의 술어로서 사용하고 있는 것이 전적으로 명백하다. 또한 그가 "자료가 없는 창작예술, 절대적인 창작예술은 존재하는가?"[7]라고 물을 때, 이는 한편으로 반성의 절대적인 중립적 근원에 대한 물음인 동시에, 다른 한편으로 그 스스로가 자신의 저작들 내에서 매우 자주 시문학을 자료 없는 절대적 창작예술로서 특징짓곤 하였다. 그는 셰익스피어의 기교성에 관한 슐레겔 형제의 이론에 대해 이의를 제기하면서 예술이란 "말하자면 자기 자신을 관조하고 자기 자신을 모방하며 자기 자신을 형성해가는 자연이다"[8]라는 것을 그들에게 상기시키고 있다. 그 경우, 그의 의견은 자연이 반성과 예술의 기체基體이다 라는 것이기보다는 오히려 반성매체의 완전성과 통일성이 보증되어야 한다는 점이다. 노발리스에게 이 반성매체의 완전성과 통일성을 나타내는 말로서, 여기에서는 예술보다도 자연 편이 적절한 것으로 보이는 것이며, 따라서 우리는 그를 따라서 포에지의 여러 현상에 대해서도, 비록 그것이 절대적인 것에만 들어맞는 표현이라고 할지라도, 이 자연이라는 명칭에 맡겨야만 한다. 그러나 그는 자주 슐레겔과 전적으로 일치하여, 예술을 |65|반성매체의 전형으로 간주하고, 그런 다음 이렇게 말한다. "자연은

● ●
6. Schriften 496.
7. Schriften 478.
8. Schriften 277.

낳고 정신은 만들어낸다. 스스로 자기를 만들어내는 것보다 만들어 지는 편이 훨씬 쉬운 일이다(원문대로!)Il est beaucoup plus commode d'être fait que de se faire lui-même (sic!)."[9] 그러므로 반성은 모든 정신적인 것에 서와 같이 예술에서도 근원적인 것이요, 건설적인 것이다. 이리하여 종교는 단지 "심정이…… 그 자신을 감수感受하는 것에 의해서"[10]만 성립하며, 포에지는 그것이 "자기 자신을 형성해가는 존재이다"[11]라 고 간주된다.

　예술이라는 반성매체에서의 인식이 예술비평의 과제이다. 이 인 식에게는, 일반적으로 반성매체 내에서의 대상인식을 위해 존재하 고 있는 모든 법칙이 들어맞는다. 따라서 비평은 예술작품에 대해, 관찰이 자연물에 대한 것과 동일한 관계에 있으며, 대상의 차이에 의해 변화된 모습을 취하면서도 거기에 명확히 각인되어 있는 것은 동일한 법칙들이다. "사상인 동시에 관찰이기도 한 것이 비평의 싹이다"[12]라고 노발리스가 말할 때, 그는 —— 관찰은 하나의 사고과 정인 것이기 때문에, 분명 동어반복을 범하고는 있지만 —— 비평과 관찰 사이의 인접한 동류관계를 말하고 있는 것이다. 따라서 비평이 란 말하자면 예술작품에서의 실험인 것으로, 이 실험을 통해 예술작 품의 반성이 환기되고 또한 예술작품은 자기 자신을 의식하고 인식 하게 된다. "참된 평론은…… 문헌학적 실험과…… 문학적 탐구 Recherche의 결과이자 서술이어야만 한다."[13] 더 나아가 또한 슐레겔

• •
9. Schriften 490.
10. Schriften 278 f.
11. Schriften 331.
12. Schriften 440.

은 "이른바 탐구를…… 역사적인 실험"[14]이라고 부른다. 그리고 1800년에 행해진 자신의 비평활동을 회고하면서 말하길, "나는 이제까지와 같이 앞으로도 내 자신과 학문을 위해 시적이고 철학적인 예술작품을 가지고 실험하는 일을 그만두지 않을 것이다."[15] 반성의 주체는 근본적으로는 예술형성물 자체이다. 그리고 실험은 어떤 형성물에 대한über 반성 —— 이러한 반성은 그 형성물을 낭만주의적 예술비평의 의미에서와는 달리 본질적으로 변경할 수 없을 것이다 —— 에서 성립하는 것이 아니라 |66|반성의 전개, 즉 낭만주의자들에게는 정신의 전개 속에서, 즉 어떤 형성물 속에서in 성립하는 것이다.

비평이 예술작품의 인식인 한, 그것은 예술작품의 자기인식이다. 또한 비평이 예술작품을 판정하는 한에서, 그것은 작품의 자기판정 속에서 행해지는 것이다. 이 후자의 특징에 의해 비평은 관찰을 넘어가는 것이며, 예술의 대상과, 판정을 허용하지 않는 자연의 대상 간의 차이가 나타나는 것도 이 특징에서이다. 반성을 기반으로 한 자기판정이라는 사상은 예술의 영역 외에서도 낭만주의자들에게 낯선 것이 아니다. 노발리스에게서 우리는 다음과 같은 문장을 읽는다. "여러 학문들에 관한 철학에는…… 다음 세 시기가 있다. 학문의 자기반성이라는 정립적인 시기, 학문의 반정립적이고 이율배반적인 자기판정이라는 제2의 시기, 그리고 자기반성인 동시에 자기판정인 결합의 시기."[16] 예술에서의 자기판정이라는 문제에 관

• •
13. Athenäum 403.
14. Athenäum 427.
15. Jugendschriften Ⅱ, 423.
16. Schriften 441.

해, 슐레겔의 비평이론의 특색을 잘 나타내고 있는 평론 「빌헬름 마이스터」에서는 이렇게 말해지고 있다. "다행히도 이것은 바로 자기 자신을 판정하고 있는 책들 중 하나이다."[17] 노발리스는 이렇게 말한다. "평론Rezension은 책의 보충이다. 평론을 필요로 하지 않고 단지 신간 예고만을 필요로 하는 책들도 상당히 많이 있다. 하지만 책들은 이미 평론을 포함하고 있다."[18]

물론 반성에서의 이 자기판정이 판정이라고 불리는 것은 단지 비본래적인 의미에서일 뿐이다. 왜냐하면 그 자기판정에서는 모든 판정의 필연적인 계기인 부정적否定的인 것이 전적으로 위축되어 있기 때문이다. 정신은 분명 어떠한 반성에 있어서도, 선행하는 모든 반성단계 너머로 고양되고, 또한 그 고양과 함께 이전 단계들을 부정하는 것이지만 ── 바로 이 점이 반성에 무엇보다 비평적 색채를 부여한다 ──, 그러나 의식의 고양이라는 적극적인 계기가 부정적인 계기를 훨씬 능가하고 있다. 반성과정에 대한 이러한 평가는 노발리스의 다음과 같은 말에서도 짐작된다. "자기 자신을 넘어간다는 행위는 어디에서나 생명의 최고 행위이자 근원지점이며 생성Genesis이다. …… 그리하여 모든 철학은 철학하는 자가 자기 자신을 철학하는 곳에서, 즉 자기 자신을 소모시키는 동시에…… 그리고 다시금 되살아나는 곳에서 시작한다. …… 그리하여 모든 살아있는 도덕성Moralität은, 내가 덕Tugend에서 출발하여 덕에 맞서 행위하는 것에 의해 시작되고, 그와 함께 덕은 생명을 갖기 시작하며, 그 생명을

⋅ ⋅
17. Jugendschriften II, 172.
18. Schriften 460.

통해 아마도 포섭력은 |67|끝없이 증대해갈 것이다."[19] 바로 이런 견지에서 낭만주의자들은 예술작품에서의 자기반성을 적극적으로 평가한다. 비평에 의한 작품의 의식 고양에 대해 슐레겔은 기지에 찬지극히 특징적인 표현을 발견해냈다. 즉 그는 슐라이어마허에게 보낸한 편지에서 「괴테의 마이스터에 관하여」Über Goethe's Meister라는 아테네움 지誌의 자신의 논문을 간략하게 '초超마이스터Übermeister'[20]라고부르고 있다. 이것은 이 비평문의 궁극적 의도에 대한 뛰어난 표현으로, 이 의도는 대체로 다른 어떠한 의도보다도 그의 예술비평의개념과 연관되어 있다. 또한 그 이외에서도 그는 즐겨 그와 유사한새로운 어구를 사용하고 있는데, 물론 이 어구들이 한마디로 표현되어 있는 것은 아닌 까닭에 동일한 분위기가 그 근저에 담겨 있을지어떨지는 결정될 수 없기는 하다.[21] 하지만 요컨대 자기부정의 계기,반성 속에서의 가능적 부정이, 반성하는 자 내에 있는 의식의 고양이라는 철저하고 적극적인 계기와 비교해 보다 더 중시될 수는 없다.이리하여 낭만주의적인 비평개념을 분석해가면, 곧 그 분석의 과정에서 점차 명료하게 모습을 나타내고 한층 다면적으로 근거지을수 있을 어떤 특징에 도달하게 된다. 즉 그 특징이란 이 비평의완전한 긍정성으로서, 이 점에서 비평이란 그 속에서 부정적인 법정을 발견하는 근대적인 비평개념과는 근본적으로 구별되는 것이다.

어떤 형성물을 비평적으로 인식하는 일은 모두 그 형성물 내에서

• •
19. Schriften 318.
20. Aus Schleiermachers Leben Ⅲ, 75.
21. Caroline I, 257. Aus Schleiermachers Leben Ⅲ, 138.

의 반성으로서, 이는 그 형성물 자신이 자발적으로 발원한 보다 고차적인 의식단계에 다름 아니다. 비평에서의 이러한 의식 고양은 원리적으로 말해 무한하다. 따라서 비평이란, 개개 작품의 한정성이 방법적으로 예술의 무한성에 연관되고 마침내 그 무한성 속으로 옮겨가는 그러한 매체이다. 왜냐하면 예술은 저절로 이해되듯이, 반성매체로서 무한하기 때문이다. 노발리스는 앞서 인용된 매체적인 반성을 일반적으로 낭만화Romantisieren라고 부르고 있는데, 그 경우는 확실히 예술만을 생각한 것은 아니었다. 그렇지만 그가 다음과 같이 기술하고 있는 점은 정확히 예술비평의 과정이다. "개별적인 계기를 절대화하고 보편화하며 분류하는 것이…… 낭만화의 고유한 본질이다."[22] ── "자아는…… 유한한 것에 |68|무한한 가상을 부여함으로써 그것을 낭만화한다."[23] 비평가의 입장으로부터도 ── 왜냐하면 그 뒤에 나오는 '참된 독자'란 비평가라고 생각되기 때문이다 ── 노발리스는 비평적 과제를 이렇게 나타내고 있다. "참된 독자는 확장된 작가이지 않으면 안 된다. 그는 하급 재판소에 의해 이미 앞서 처리된 사건을 넘겨받는 상급재판소인 셈이다. 독자의 감정은…… 다시금 책의 생경한 것과 도야된 것을 구별한다. 그리고 만일 독자가 그 이념에 따라 책을 개작한다고 한다면, 제2의 독자는 더욱더 그 순화의 정도를 높일 것이다. 이리하여…… 대중이 마침내…… 활동적인 정신의 구성원이 된다."[24] 즉 개개의 작품은 예술이

● ●
22. Schriften 499.
23. Schriften 304.
24. Schriften 34.

라는 매체 속에서 해소되어야 하는 것으로, 이 과정이 의미 있는 것으로서 제시될 수 있는 것은 서로의 일을 교대해 주는 다수의 비평가에 의해서이며, 그것도 그들이 경험적인 지성이 아니라 인격화된 반성단계일 때에 한해서이다. 작품에서의 반성의 포텐츠 고양 Potenzierung이, 그 자신 실로 무한히 많은 단계를 갖는 작품비평에 있어서도 또한 그러한 것으로 나타날 수 있다는 사실은 분명하다. 이러한 의미에서 슐레겔은 다음과 같이 말한다. "모든 철학적인[25] 평론은 동시에 평론의 철학이어야 할 것이다."[26] —— 이러한 비평적 태도가 예술작품에 대한 근원적이고도 순수 감정적인 수용과 마찰을 빚는 일은 결코 일어날 수 없다. 왜냐하면 작품 그 자체의 고양과 마찬가지로, 그 이해와 수용 방법도 고양해가는 것이기 때문이다. 「빌헬름 마이스터」라는 비평에서 슐레겔은 말한다. "하나의 시작품의 인상에 전적으로 몸을 맡기는 것, …… 그리고 어떤 측면에서는 그 하나하나에 있어서 반성을 통해 그 감정을 확인하고 사상으로 드높이며 완전하게 하는 것은 훌륭하고도 필수적인 일이다. 하지만 그보다 더 필요한 것은 모든 개개의 것을 추상할 수 있다는 것, 보편적인 것을 요동적(搖動的)으로 파악하는 일이다."[27] 보편적인 것의 이러한 파악이 요동적이라는 것은, 슐레겔의 아테네움 제116 단편속에 시사되어 있듯이(본서 101쪽 이하를 참조), 그것이 그 어떤 고찰에서도 그저 지속적으로 고정되어 있는 법이 없는, 무한히 높여

• •

25. '철학적인'이라는 이 수식어는 짐작컨대 평론의 대상이 아니라 평론의 존엄성을 지칭하는 말로서 이해되어야 한다.

26. Athenäum 44.

27. Jugendschriften Ⅱ, 169.

져 가는 반성의 사안이기 때문이다. 이리하여 반성은 바로 |69|작품의 중심적인, 즉 보편적인 계기들을 파악하고, 그 계기들을 예술이라는 매체 속으로 가라앉게 한다. 이것이야말로 슐레겔이 「빌헬름 마이스터」라는 비평에서 분명히 하고자 한 점이다. 보다 면밀하게 고찰한다면, 그는 거기에서 여러 예술양식들이 주인공의 인격형성에 끼치는 역할 내에, 어떤 체계의 문제가 은연중 암시되어 있음을 발견하고자 한다. 그리고 그 체계의 문제를 예술 전체로 명확히 전개하고 정돈하는 일이 작품 비평의 과제가 되어 있다. 그 경우 비평이 수행해야 할 것은 작품 자체의 감춰진 구상을 드러내고 그 숨겨진 의도를 실행하는 것에 다름 아니다. 작품 자체가 지닌 의미에서, 즉 작품의 반성에서, 작품이 작품을 능가하여 그것을 절대화하지 않으면 안 된다. 낭만주의자들에게 비평이란 작품의 판정이기보다는 오히려 작품을 완성하는 방법임이 분명하다. 이러한 의미에서 그들은 시적 비평을 요구하고 비평과 시 사이의 구별을 지양했던 것이며, 또한 "포에지는 포에지에 의해서만 비평될 수 있다. 그 자체가 예술작품이 아닐 법한 예술판정은, …… 그 판정이 성립하는 가운데서의 필연적인 인상의 서술로서는[28] …… 결코 예술의 나라에서 시민권을 갖지 못한다"[29]고 주장했던 것이다. —— "앞서 말한 시적 비평은…… 서술을 한층 더 새로이 서술하고, 이미 형성된 것을 다시 한 번 형성하려고 할 것이다. …… 작품을 보완하고 젊게 하며 새로운 모습을 부여하려고 할 것이다."[30] 왜냐하면 작품은 불완전한

28. 즉 예술작품에 내재적인 반성의 전개로서는.
29. Lyzeum 117.

것이기 때문이다. [가]"불완전한 것만이 이해될 수 있고, 우리를 한층 더 앞으로 이끌어갈 수 있다. 완전한 것은 오로지 향유될 따름이다. 자연을 이해하려고 한다면 우리는 자연을 불완전한 것으로서 정립하지 않으면 안 된다."[31] 이는 예술작품에 대해서도 타당하며, 그것

* *

30. Jugendschriften Ⅱ, 177. 「빌헬름 마이스터」라는 비평에 따르면, 단지 '시인과 예술가'의 일에만 귀속되어야 하는 이 시적 비평poetische Kritik은 대부분 슐레겔만의 독자적인 것이며, 그에 의해 지극히 높게 평가된 비평방식이다. 인용된 대목에 포함되어 있는 특성묘사Charakteristik에 대해 이 시적 비평을 경계짓기 위해서는 볼데마르 평론Woldemar-Rezension[[옮긴이]슐레겔이 프리드리히 하인리히 야코비(1743-1819)의 서간체 소설 『볼데마르』에 관해 쓴 평론. 『특성묘사와 비평』 속에 수록되어 있다.]에서의 다음과 같은 발언을 비교해볼 수 있다. "철학적 정신의 어떤 필연적인 형성단계에 있어서 완전하게 또는 거의 완전하게 최고의 것을 달성한 철학만을 체계화하는 것이 우리에게는 허용되어 있다. 그리고 과잉된 부분을 잘라 내거나 간극을 메우거나 함으로써, 그것 내에 보다 긴밀한 연관을 마련하고 그 자신의 고유의 의미에 보다 충실함을 기하도록 하는 것만이 허용되어 있다. 이에 반해…… 그 기초, 목표, 법칙 그리고 전체 자체가 철학적이지는 않고 개인적인 것에 지나지 않는 그러한 철학은 그저 특성묘사만 될 수 있을 뿐이다."(Jugendschriften Ⅱ, 89 f.) 따라서 특성묘사란 한편으로는 중간 정도의 작품에 대해 적용됨과 동시에, 다른 한편 「빌헬름 마이스터」 비평의 입장에서 보자면 그것은 대략 비非시인적인 비평가의 방식인 셈이다. ── 하임Haym은 저 체계화와 완전화 내에서 슐레겔의 견해에 따라 비평이란 시예술에 대해서도 앞서 규정된 의미에서의 시적 비평으로서의 성질을 지니고 있음을 올바르게 인식하고 있다(227). 슐레겔 형제가 그들의 평론집에 붙인 『특성묘사와 비평』이라는 제목은 따라서 비시인적 비평과 시적 비평을 서로 대립시키고 있는 셈이다. 전자 즉 특성묘사는 슐레겔의 예술비평의 개념에서의 본질적인 것과는 아무런 관련도 없다.

31. Schriften 104 f. 본서 제1부 Ⅳ장 참조: 대상은 인식 가운데서 고양되고 보완되며, 따라서 오직 그것이 불완전할 경우에만 인식될 수 있는 것이다. 이러한 견해는 배움의 문제, 즉 아직 의식되지 않은 앎의 상기(아남네시스ἀνάμνησις)와 그 앎의 신비적인 해결시도와 관련되어 있다. 이러한 해결시도에 따르면 문제의 대상은 다름 아닌 그러한 불완전한 대상이요, 그것도 내적으로 주어져 있는

도 허구로서가 아니라 진리에 있어서 타당한 것이다. 어떠한 작품도 예술의 절대성에 비하면, 아무래도 불완전하다. 또는── 동일한 점을 뜻하지만── 작품 고유의 절대적인 이념에 비하면 불완전한 것이다. "그래서 작가들을 예술의 법칙에 따라 의학적, 외과적으로 다루고, 병자를 찾아낼 뿐만 아니라 짓궂고 고약한 즐거움을 가지고 그것을 선전하는 신문 잡지가 존재하는 것일 터이다. …… 진정한 경찰은…… 병약한 체질을 개선하는 일에 종사한다."[32] 노발리스가 스스로 신화적인 비평이라고 칭하는 모종의 번역에 관해 다음과 같이 말할 때, 그가 염두에 두는 것은 그와 같이 완성시키는 적극적인 비평의 예들이다. "이들 번역은 개성적인 예술작품의 순수하고 완성된 성격을 제시한다. 그것들이 우리에게 주는 것은 현실의 예술작품이 아니라 그 예술작품의 이상[Ideal]인 것이다. 내가 생각하기에는, 그러한 번역의 완전한 모범은 아직까지 현존하지 않는다. 그러나 예술작품에 대한 많은 비평이나 서술의 정신 속에는 몇몇 선명한 흔적이 발견된다. 거기에서 필요한 것은 시적인 정신과 철학적인 정신이 넘치듯이 서로 삼투되어 있는 하나의 두뇌이다."[33] 아마도 노발리스는 비평과 번역을 서로 근접시키는 가운데 작품을 하나의 언어에서 다른 언어로 매개하는 끊임없는 전환을 생각하고 있을 것이다. 이 견해는, 번역이 지니고 있는 지극히 수수께끼로 가득찬 성질로 볼 때, 애초부터 그 이외의 견해와 똑같이 허용되어도

• •
    대상이다.
32. Schriften 30.
33. Schriften 16 f.

좋은 것이다.

"근대적 비평정신의 특징을 일체의 독단론의 부정 속에서, 나아가 예술가와 사상가의 생산적 창조력이라는 유일한 지고성에 대한 경의 속에서 보고자 하고 또 보지 않을 수 없다고 한다면, [71]슐레겔 형제야말로 이 근대적 비평정신을 일깨우고 또한 그것을 원리적으로 최고의 계시로 이루어낸 사람이었다."[34] 이 발언에서 엔더스는 슐레겔 형제와 연관된 문학적인 혈통 전체를 염두에 두고 있다. 미학적 독단론의 원리적 극복은 그 혈통 내의 다른 모든 구성원들보다 더한층 프리드리히 슐레겔에 힘입고 있으며, 더욱이 —— 엔더스는 여기에서는 언급하고 있지 않지만 —— 결국은 창조자의 단순한 표현력인 창조력에 대한 무한한 예찬에서 비롯되는 저 회의론적인 관용에 반대하여 예술비평을 지키려는 마찬가지로 중차대한 태도도 그에게 힘입고 있다. 전자의 관점에서 보자면, 그는 합리주의의 경향들[35]을 극복한 것이며, 후자의 관점에서는 질풍노도 시기 작가들의 이론에 의거하고 있었던 해체적인 계기들을 극복한 것이었다. 그리고 이 후자의 점에서 19세기와 20세기의 비평은 전적으로 다시

● ●

34. Enders 1.
35. [옮긴이]여기서 말하는 합리주의Rationalismus는 18세기 계몽기의 사조를 가리킨다. 철학적으로는 이성에 절대적인 신뢰를 두며, 이성으로부터만 진리가 얻어진다고 하는 몰비판적인 독단론의 경향을 띠고 있다. 칸트에 의해 비판된 종래의 형이상학파인 라이프니츠–볼프 학파가 그 대표적 존재였다. 문학적으로는 만년의 고트세트의 평론활동으로 대표되는 계몽시학을 가리킨다. 이것은 예술을 이성이나 도덕의 법칙 아래에 종속시키고 창의성이나 비판적 방법에 등을 돌린 탓에, 질풍노도 운동이나 초기낭만주의 세대의 공격의 대상이 되었다.

금 슐레겔의 입장으로부터 내려온 것이다. 슐레겔은, 근대의 작가들이 그들 자신의 사고의 흐름에 따라 매우 자주 그를 오해했듯이, 예술작품을 주관성의 단순한 부산물로서 삼았던 것이 아니다. 오히려 그는 정신의 법칙들을 예술작품 자체 속으로 담아냈다. 독단론의 극복으로서, 부분적으로는 근대비평의 안이한 유산이 된 이러한 입장을 유지하기 위해 과연 어느 정도의 정신적 생명력과 또 어느 정도의 지구력이 필요했는가는 앞서 상술한 바에 의해 평가될 수 있다. [하지만] 어떠한 이론에 의해서도 아니고 변질된 실천에 의해서만 규정될 뿐인 근대비평의 시야로부터 보자면, 긍정적인 전제들의 과연 어떠한 충실함이 합리주의적 독단론의 부정에 가세되고 있었는지를 가늠할 수 없는 것은 분명하다. 이들 전제가 그것들의 해방적인 성과와 아울러 이론적으로 이전에는 절대로 도입될 수 없었던 하나의 근본개념, 즉 작품이라는 근본개념을 유지하고 있었음을 근대비평은 간과하고 있다. 왜냐하면 슐레겔의 비평개념은 타율적인 미학적 교의로부터의 자유를 획득한 것만이 아니라— 오히려 규범과는 다른 예술작품의 시금석, 즉 작품 자체가 지닌 확실한 내적 구조라는 시금석을 확립함으로써 그는 이 자유를 실현 가능하도록 했기 때문이다. 그는 이 점을, 헤르더나 모리츠의 경우엔 예술비평의 수립에까지 이를 수 없었던 저 조화와 유기적 구성이라는 일반개념에 의해 행했던 것이 아니라, 비록 개념들 속에 흡수되고는 있지만 역시 본래적인 [72]예술이론, 즉 반성매체로서의 예술의 이론과 그리고 반성의 중심으로서의 작품의 이론에 의해 행했던 것이다. 이로써 그는 객체 혹은 형성물의 측면으로부터, 이전에 칸트에 의해 예술비평에서의 판단력에 부여되고 있었던, 예술의 영역에서의 저 자율성을 보증했다. 작품을 그 내재적인 시금석에 의해 판정한다는 낭만주의 이후의 비평 활동의 제1원칙은, 그것들이 확실히 그 순수한 형태에서는 오늘날의 사상가를 완전히 만족시키는 것은 아니라고 할지라도, 낭만주의의 이론들에 바탕하여 획득된 것이다. 슐레겔은 『빌헬름 마이스터』를 "사람들이 자기 자신으로부터만 이해하는 법을 배울 수 있는, 전적으로 새롭고 유일한 책"[36]이라고 부름으로써 이 책을 빌려 그의 전적으로 새로운 비평 원칙을 강조하고 있다. 노발리스는 이 원칙에서도 슐레겔과 일치한다. "여러 예술개체들이 가장 본래적인 의미에서 비로소 이해되도록 하는, 그것들을 위한 정식(正式)들을 발견하는 것이 예술적 비평가의 임무이며, 그의 작업은 예술의 역사를 준비하는 것이다."[37] 합리주의가 자신의 규범들을 위해 원용하는 취미(Geschmack)에 관해, 그들 규범이 순수하게 역사적으로 정초되지 않는 한, "취미는 단지 소극적으로만 판정할 뿐이다"[38]라고 노발리스는 말한다.

　이리하여 엄밀하게 규정된 작품이라는 개념이 낭만주의적 이론에 의해 비평 개념의 상관개념이 되었다.

---

36. Jugendschriften Ⅱ, 171.

37. Schriften 13.

38. Schriften 80.

Ⅱ. 예술작품

    낭만주의적 예술작품 이론은 예술작품의 형식의 이론이다. 초기 낭만주의자들은 형식이 지닌 한정하는 성질을 모든 유한적 반성의 한정성과 동일시하고, 또한 오로지 이 점을 고려함으로써 예술작품의 개념을 그들의 직관세계의 내부 속으로 규정했다. 피히테가 학문론을 위한 자신의 첫 저작에서 반성은 인식의 단순한 형식에서 표명된다고 간주하고 있는(본서 27쪽 이하를 참조) 저 사상과 전적으로 유사하게, 낭만주의자들에게 반성의 순수한 본질은 [73] 예술작품의 순수하게 형식적인 현상에서 표명된다. 따라서 형식은 작품의 본질을 이루고 있는, 작품에 고유한 반성의 대상적인 표현이다. 형식이란 작품에서의 반성의 가능성이며, 따라서 그것은 현존원리로서 아 프리오리하게 작품의 기초를 이루고 있다. 즉 예술작품은 그 형식을 통해 반성의 생동하는 중심을 이룬다. 반성의 매체, 즉 예술 속에서 언제나 새로운 반성의 중심이 형성된다. 반성의 중심의 정신적 맹아에 따라, 그 중심이 반성하면서 포괄하는 연관의 정도 차이도 결정된다. 예술의 무한성이 반성에로, 즉 자기파악 및 그와 더불어 파악 일반에로 도달하는 것은 무엇보다도 하나의 극한치로서의 이러한 중심에서의 일일 뿐이다. 이 극한치란 개개 작품의 서술형식이다. 예술이라는 매체 내에서의, 작품의 상대적인 통일성과 완결성의 가능성은 이 서술형식에 기초를 두고 있다. —— 그러나 이 매체에서의 개개의 반성들은 모두 개별화된 우연적인 것으로밖에 있을 수 없기 때문에, 작품의 통일성 또한 예술의 통일성에 비하면 상대적인 통일성에 지나지 않는다. 한편 작품에는 우연성이라는 계기가 늘 붙어 있다. 이 특수한 우연성을 원리적으로 필연적인, 즉 피할 수 없는 것으로서 시인하는 것, 그 우연성을 반성의 엄격한 자기제한을 통해 인정하는 것, 이것이 형식이 지닌 엄밀한 기능이다. 자기제한이라는 실제적인, 즉 규정된 반성을 형성하는 것이 예술작품의 개성과 형식이다. 왜냐하면 앞서(본서 107쪽을 참조) 상론했듯이, 비평이 모든 한정의 지양일 수 있기 위해서는, 작품은 이 한정에 기초를 두지 않으면 안 되기 때문이다. 반성이 더욱더 긴밀해지고 작품의 형식이 엄격해지면 질수록, 비평은 보다 다양하고 강력하게 자기 안으로부터 이 한정을 몰아내고 근원적인 반성을 고차의 반성에서 해소하며 또한 이 과정을 계속 진행해감으로써 비평은 자신의 과제를 성취한다. 이 일에서 비평은 반성의 여러 배아, 즉 작품의 적극적으로 형식적인 계기들에 의거하면서도 이들 계기를 보편형식적인 계기들로 해소시킨다. 이렇게 해서 비평은 개개 작품이 예술의 이념과 맺는 연관을 제시하며, 동시에 개개 작품 자체의 이념을 명시한다.

프리드리히 슐레겔은 특히 1800년경에 참된 예술작품의 내용에 대해서도 여러 규정들을 내리고 있지만, 그러나 그 규정들은 반성매체라는 기초개념이 지닌 앞서 말한 저 은폐와 혼탁한 성격에 의거하고 있어, 그 안에서 그는 자신의 방법적인 힘을 잃고 있다. 그가 절대적인 매체를 [74]더 이상 예술로서가 아니라 종교로서 규정하는 곳에서는, 예술작품을 그 내용의 측면에서 단지 불명료하게 파악하고 있는 데 지나지 않으며, 그는 모든 노력에도 불구하고 실로 가치 있는 내용에 관한 자신의 예감을 명확히 할 수 없는 정도이다. 즉 이 내용은 경향에 머물고 있다. 그는 그 내용 속에서[1] 자신의 종교적 우주의 고유한 특징을 재발견하기를 원하고 있지만, 다른 한편으로는 이와 동시에 저 불명료함의 표시로서, 형식에 대한 자신의 이념을 조금도 획득하지 못하고 있다.[2] 그의 세계상이 이와 같이 변화하기 이전, 그리고 꽤 예전의 학설이 여전히 계속 영향을 유지하고 있던 곳에서는, 그는 노발리스와 공동으로 작품의 엄격한 개념을 반성의 철학에 의거한 하나의 형식개념과 결합시켜, 그것을 새로운 수확으로서 낭만주의자들의 이름으로 옹호해왔다. "예술이나 형식에 관해 말하고 있는 철학서들에서 여러분들이 발견하는 것은 대략 시계제작 기술을 설명하는 정도로도 충분할 수 있습니다. 그러나

1. 「신화에 대한 강연」Rede über die Mythologie, Jugendschriften Ⅱ, 357 참조할 것.
2. 그런 까닭에 하임이 형식적, 방법적 계기들과 관련하여 1800년경의 슐레겔의 종교철학에 관해 이렇게 말하고 있는 것도 당연하다. 이 철학은 "엄밀히 음미해보자면 오로지 다음과 같은 점에 존재하고 있었다. 즉 슐레겔은 미학의 영역에서 형성된 자신이 애호하는 포에지의 범주들을 종교로 이전시켰다는 사실이다"(481). 그렇지만 이 같은 평가에 의해 슐레겔의 종교철학의 경향 전체가 충분히 특징지어진 것은 아니다.

고차의 예술과 형식에 관해서는 여러분들은 그 어디에서도 지극히 어렴풋한 예감조차 발견할 수 없을 것입니다."[3] 고차의 형식이란 반성의 자기제한이다. 이런 의미에서 『뤼체움』 제37 단편은 "인간에게서와 같이 예술가에게도…… 가장 필요한 것이자 또한 최고의 것인 자기제한의 가치와…… 품위"를 다루고 있다. "가장 필요한 것인 이유는 사람들이 자기를 스스로 제한하지 않는 곳에서는 도처에서 세계가 그를 제한하기 때문이며, 그것에 의해 사람들은 노예가 되기 때문이다. 최고의 것인 이유는, 사람들이 무한한[4] 힘을 지닌 바로 그 지점이나 그 측면에서만 스스로 자기를 제한할 수 있기 때문이다. 자기창조와 자기파괴……. 남김없이 자기의 모든 것을 말하려고 하고 또 그렇게 할 수 있는…… 작가는…… 매우 한심스러운 존재이다. 다만…… 여러 과오에 대해서만은 경계해야 한다. ── 무조건적인 자의로 보여지는 것 또는 그렇게 보이게끔 하는 것 역시도 결국은 또한, 어디까지나 필연적이지 않으면 안 된다. 그렇지 않으면, 편협성이 일어나고 자기제한은 자기파괴가 되기 때문이다." 엔더스가 |75|정당하게 "낭만주의 비평의 엄격한 요구"[6]라고 말한 이 '자유로운liberal 자기제한'이 작품의 서술형식을 제공한다. 예술이 아니라 국가의 윤리와 연관되어 있는 노발리스의 한 단편에서만큼, 이 견해의 본질적인 면이 명확히 나타나 있는 곳은 어디에도 없다. "그런데 정신은 가장 높은 활기를 띨 때에만 동시에 가장

---

3. Jugendschriften II, 427.

4. 즉 반성적.

5. Enders 357.

커다란 효력을 가지며, 정신의 활동은 반성이되, 반성은 그러나 본질적으로는 형성적이다. 따라서 아름다운 또는 완전한 반성은 최고의 활기와 결합되어 있으므로, 국가 시민의 발언 또한 국왕의 가까이에서는 대단히 정중한 사려에 의해 지배되어, …… 최고의 겸손한 힘의 충일된 표현, 가장 생기 있는 감동의 표현이 될 것이다."[6] 과연 어떻게 반성의 형성적인 힘이 —— 초기낭만주의의 견해에 의거할 때 —— 작품의 형식을 특징짓는 것인가를 가장 명료하게 언급하고 있는 대목을 발견하기 위해서는 방금 인용한 이 글에서 국가 시민 대신에 예술작품을, 국왕 대신에 예술의 절대성을 끼워넣을 필요가 있다. 아울러 이와 같은 방식으로 규정된 형성물das Gebilde 대신에 프리드리히 슐레겔에 의해 강조되어 사용되었던 것이 바로 '작품 Werk'이라는 표현이다. 「포에지에 관한 대화」에서 '로타리오'는 자립적인 것, 그 자체 완성된 것에 관해 말하고 있는데, 그것에 대해 그는 "바로 작품이라는 말 외에는 다른 어떠한 말도 발견되지 않습니다. 그러므로 이 말은 이러한 의미로 사용하기 위해 소중히 해두고 싶은 것입니다"[7]라고 말하고 있다. 동일한 연관에서 다음과 같은 대화를 읽을 수 있다. "로타리오: …… 작품은 그것이 하나이면서 전체라는 점에 의해서만 작품이 되는 것이지요. 작품이 연구와 구별되는 것은 오직 이 점에 의한 것입니다. 안토니오: 그러나 나는 그럼에도 방금 당신이 말씀하신 의미에서 작품이라는 것을 동시에 연구라고 부르고 싶은 생각이 드네요."[8] 여기서 말해지고 있는 답변

● ●

6. Schriften 39.
7. Jugendschriften II, 366.

은 작품의 이중적 성격에 대한 수정적인 지적을 담고 있다. 즉 작품은 상대적인 통일에 불과하며, 하나와 전체가 의거해 있는 에세이에 머물러 있다는 것이다.[9] 슐레겔은 더 나아가 1808년, 괴테의 작품에 대한 소개비평에서 "풍부한 내면적 형성이라는 점에서 『마이스터』는 아마도 우리 동시대 시인들의 다른 모든 작품들보다 뛰어날 것이다. 이 정도 수준의 작품을 이루고 있는 것은 하나도 없다"[10]라고 말하고 있다. 총괄적으로 슐레겔은 |76|작품과 형식에 대해 반성이 갖는 의미를 다음과 같은 말로 나타내고 있다. "작품이 형성되는 것은 그것이 도처에서 엄격하게 한정되어 있으면서 그 한계 내부에서는 무한한 것……일 때, 그리고 작품이 자기 자신에 전적으로 충실하며 어디에 있어서도 자기 자신과 동등하면서 그럼에도 또한 자기 자신을 넘어서 있을 때이다."[11] 예술작품이 그 형식에 의해 반성이라는 절대적 매체의 한 계기라고 한다면, "모든 예술작품은 아 프리오리하게 하나의 이상, 즉 자기 자신 곁에 현존한다는 필연성을 지니고 있다"[12]라는 노발리스의 명제에는, 그 자체 불명료한 것은 아무것도 없다. 이것은 미학에서의 독단론적 합리주의의 원리

8. Jugendschriften II, 366.
9. [옮긴이]「포에지에 관한 대화」에서 프리드리히 슐레겔은 부분적으로 가상의 인물들을 내세워 서로 대화하는 서술형식을 취하고도 있는데, 여기에서의 '안토니오'는 확실히 프리드리히 슐레겔 자신의 견해를 대변하고 있는 인물이다.
10. Kürschner 389.
11. Athenäum 297.
12. Schriften herausgegeben von Minor II, 231. —— 이 진술에서의 '이상'이라는 용어는 추후 거론되는 논의에서(본서 180쪽 이하) '이념'으로서 소개된 개념과 전적으로 일치한다.

적 극복이 아마도 가장 명료하게 나타나 있는 하나의 정식화라고 할 수 있다. 왜냐하면 이는, 규칙에 의거해 행하는 작품 평가로서는 결코 도달할 수 없었던 하나의 입장임과 동시에, 작품을 단지 천재적 두뇌의 산물로서만 이해한 이론도 또한 도달할 수 없었던 입장이기 때문이다. "당신은 미래의 시를 아 프리오리하게 구성하는 것은 불가능하다고 생각하셨습니까?"[13]라고 슐레겔을 대신해 저 루도비코가 묻고 있는 것도 전적으로 동일한 의미이다.

낭만주의의 불후의 문학적 업적은 셰익스피어를 번역한 것 외에도 독일 문학을 위해 로만어[14]계의 romanisch 예술형식을 획득한 것이었다. 그 노력은 충분한 의식을 지니고서 형식들의 획득, 도야, 순화로 향해지고 있었다. 그렇긴 하지만 이들 형식에 대한 낭만주의의 관계는 그에 앞선 세대들의 그것과는 전혀 다른 것이었다. 낭만주의자들은 계몽주의와는 달리 형식을 예술의 미적 규준으로서 이해하지 않았으며, 또한 형식을 준수하는 것이 작품을 대하는 사람들을 기쁘게 하거나 고양시키는 효과로 이끄는 불가결한 예비조건이라

· ·

13. Jugendschriften II, 384. [옮긴이]슐레겔의 『포에지에 관한 대화』(1800) 내의 「괴테의 초기 및 후기작품에서의 여러 문체Styl에 대한 시론」.

14. [옮긴이]로만어(로망스어)는 로마제국의 군인, 개척자, 노예 등이 쓰던 말인 통속 라틴어에서 비롯된 언어들을 가리키며, 로만어 문학은 이 언어들로 씌어진 문학을 말한다. 일찍이 그 형태나 장르들은 로망romant, 로만체romanze, 로만세로romancero 등으로 불렸다. 17세기 영국과 독일에서 처음 등장한 '낭만적ro-mantick, romantisch'이라는 단어는 이러한 유형의 문학과 더불어 애초 가치폄하의 대상으로서 —— 예컨대 허황된 기사도, 격양된 감정 등의 특징을 지닌 『돈키호테』는 '낭만적'이라는 용어의 원형이다 —— 출현했지만, 그 후 샤프츠베리의 영감의 철학 및 보드머나 브라이팅거 같은 문학 비평의 최초의 형태가 나타나면서부터 점차 긍정적인 의미를 얻기 시작했다.

고 여기지도 않았다. 그들에게 형식이란 그 자체가 규준이라고는 생각되지 않았으며, 또한 규준에 의존하는 것도 아니었다. 이러한 견해 없이는 A. W. 슐레겔의 진정 의미 있는 이탈리아, 스페인 그리고 포르투갈 문학의 번역은 생각될 수 없는 것으로, 그의 동생은 이 견해를 철학적으로 지향시켜나간 것이었다. 모든 형식 자체는 반성의 자기한정의 독특한 변용으로 간주된다. 이 형식은 어떤 내용을 서술하기 위한 수단이 아니기 때문에, 외부로부터의 정당화를 필요로 하지 않는다. 형식들의 사용 내에서 순수성과 보편성을 추구하는 낭만주의적인 노력은 [77]그들 형식의 함축의 깊이나 다양함을 비판적으로 해소하는 가운데서, (즉 그 형식들 속에 속박되어 있는 반성을 절대화하는 가운데서) 반드시 그들 형식이 반성매체의 계기들로서 연관되어 있는 것과 만나게 된다는 확신에 기초를 두고 있다. 하나의 매체로서의 예술이 갖는 이념은 따라서 비독단론적 혹은 자유로운 형식주의 —— 낭만주의자들이라면 리버럴liberal한 형식주의라고 부를 것이다 —— 의 가능성을 최초로 만들어낸다. 초기낭만주의의 이론은 형성물의 이상으로부터 독립된 형식들의 타당성을 근거짓고 있다. 이러한 입장의 철학적인 영향권을 그 적극적 측면 및 소극적 측면으로부터 규정하는 것이 이 논문의 하나의 주요과제이다. —— 따라서 프리드리히 슐레겔이 예술의 대상들에 관한 사고방법에 대해, 그것이 "절대적인 엄격주의와 하나가 되어 있는 절대적 자유"[15]를 포함하기를 요구할 때, 이 요구를 예술작품의 형식에 관해 예술작품 자체에도 연관지을 수 있을 것이다. 이러한 일치는

15. Lyzeum 123.

그에게 "말의 보다 고귀하고 보다 근원적인 의미에서 올바른" 것이라고 해도 좋을 것이다. "왜냐하면 이는 작품에서의…… 가장 내적인 것을…… 전체의 정신에 따라 의도적으로 완성하는 것, …… 예술가의 실제적인praktisch[16] 반성을 의미하고 있기 때문이다."[17]

이것이, 낭만주의적 시인들에 의해 하나의 내재적 비평을 요구받고 있는 작품의 구조이다. [물론] 이 요청은 그 자체 속에 독특한 역설Paradoxie을 숨기고 있다. 그 이유는 어떤 작품이 어떻게 해서 그 자신의 경향들에 입각해 비평될 수 있는가는 끝내 규명될 수 없기 때문이다. 왜냐하면 이들 경향은, 그것들이 이의 없이 확인될 수 있는 한에서는 실현되어 있는 것이고, 또한 실현되어 있지 않은 한에서는 반드시 이의 없이 확인될 수 있다고는 할 수 없기 때문이다. 이 후자의 가능성은 극단적인 경우에는, 내적인 경향들이 대체로 결여되어 있고 따라서 내재적 비평이 불가능하게 되는 모습을 취하지 않을 수 없다. 낭만주의적 예술비평 개념은 이 두 역설의 해소를 가능하게 한다. 작품의 내재적인 경향 및 그에 적합한 작품의 내재적 비평의 척도는, 작품의 근저에 있는 그리고 그 형식 속에 각인되어 있는 반성인 것이다. 그러나 이 반성은 실은 판정의 척도라기보다는, 오히려 무엇보다도 우선 첫째로, 판정하지 않는 입장에 서 있는 전적으로 다른 종류의 비평의 기반이며, [78]이러한 비평의 중점은 개개 작품의 평가 속에서가 아니라 개개 작품이 다른 모든 작품에 대해 그리고 마침내는 예술의 이념에 대해 지니고 있는 관계

16. 즉 규정됨. (본서 118쪽 참조)
17. Athenäum 253.

들을 제시하는 데에 있다. 프리드리히 슐레겔은 "개개의 점에서는 자주 지나치게 꼼꼼할 정도로 노력함에도 불구하고, …… 그럼에도 역시 전체로서는 판정하면서 평가를 내리는 태도가 아니라 오히려 이해하고 설명하는 것"[18]이야말로 자신의 비평적 작품의 경향이라고 설명한다. 따라서 비평은, 그 본질에 대한 오늘날의 이해와는 전혀 반대로, 그 중심적인 의도에서 판정이 아니라 한편에서는 작품의 완성, 보완, 체계화이고 다른 한편에서는 절대적인 것 내에서의 작품의 해소이다. 이 두 과정은 좀 더 명확히 밝혀지게 되듯이 궁극적으로는 하나가 된다. 슐레겔이 개개 작품을 판정하고자 하는 것이 아닌 이 [비평] 개념의 낭만주의적인 정의에 있어서는 내재적 비평의 문제는 그 역설^{Paradoxie19}을 사라지게 한다. 만약 작품의 판정을 위해 작품에 내재하는 척도가 명시된다면, 그것은 모순을 초래하게 될 것이다. 작품의 비평이란 오히려 작품의 반성으로서, 당연히 이 반성만이 작품에 내재하는 비평의 맹아를 전개시킬 수 있다.

이 비평이론은 물론 작품들의 판정이론으로도 그 귀결을 확장한다. 이러한 귀결은 세 가지 원칙들로 표명될 수 있는데, 이것들은 그에 앞서 제출된 내재적 판정이라는 사상이 지닌 역설에 대해 직접 대답해준다. 여러 예술작품의 낭만주의적 판정이론의 이 세 원칙은 다음과 같이 정식화된다. 즉 판정은 간접적인 것이라는 원리, 적극적인 가치척도는 불가능하다는 원리, 그리고 조악한 작품은 비평하

---

18. Jugendschriften Ⅱ, 423.
19. 그러한 역설은 당연히 학의 영역에서는 존재하지 않지만 그러나 예술의 영역에서는 존재한다.

는 것이 불가능하다는 원리가 그것이다.

제1 원리는 이미 논해진 바로부터 명확해진 귀결로서, 이는 작품의 판정이란 결코 명시적인explizite 판정이 아니라 항상 작품의 낭만주의적 비평(즉 작품의 반성)이라는 사실Faktum 속에서의 내포적impliziert 판정일 수밖에 없음을 의미한다. 왜냐하면 작품의 가치는 오로지 그 작품이 원래 그 내재적 비평을 가능하게 하는지 아닌지에 달려 있기 때문이다. 만일 이 내재적 비평이 가능하다면, 즉 전개되고 절대화되며 예술이라는 매체 속에서 해소될 수 있는 그러한 반성이 작품 속에 존재해 있다면, 그것이야말로 [79] 예술작품이라고 할 수 있는 것이다. 어떤 작품이 비평될 수 있다는 것만으로 그것은 그 작품에 대한 적극적인 가치판정을 의미한다. 그리고 이 판정이 내려질 수 있는 것은 어떤 분리된 탐구에 의해서가 아니라 오히려 단지 비평 자체라는 사실을 통해서이다. 왜냐하면 반성의 결실 풍부한 전개 —— 그것이야말로 비평이라 불린다 —— 의 가능성 이외에는 반성의 현존을 가늠하는 어떠한 척도나 시금석도 존재하지 않기 때문이다. 둘째로, 어떠한 가치척도도 판정의 뜻대로 되지 않는다는 점에서, 주목해야 할 것은 낭만주의적 비평에서의 예술작품의 내포적인impliziert 판정이다. 어떤 작품이 비평 가능한 것이라면, 그대로 그것은 예술작품인 것이며, 그 이외의 경우는 예술작품이라고는 할 수 없다. —— 이들 두 경우의 중간에 위치하는 것은 생각될 수 없으며, 더욱이 참된 예술작품들 사이에서도 가치판별의 규준은 발견될 수 없다. 이 점을 노발리스는 다음과 같은 진술로 말한다. "시의 비평이란 하나의 넌센스Unding이다. 어떤 무엇이 시인가 아닌가라는 것은 확실히 결정되기는 어렵지만 그러나 [그것만이] 유일

하게 가능한 결정인 것이다."[20] 그리고 프리드리히 슐레겔이 비평의 재료는 "단지 고전적인 것, 그리고 오로지 영원한 것으로밖에 있을 수 없다"[21]고 말할 때, 그는 동일한 것을 정식화하고 있는 셈이다. [셋째로] 조악한 것은 비평할 수 없다는 원칙 속에는, 예술과 그 비평에 대한 낭만주의적 착상의 특징적인 각인 중 하나가 있다. 슐레겔은 레싱 논문의 결말에서 이 원칙을 가장 명료하게 나타냈다. "참된 비평은 예술의 발전에 아무런 기여도 하지 않는 작품에 대해서는 조금도 주의를 기울일 수 없다. …… 아니, 그러므로 형성력과 독창성을 지닌 저 유기체에 관계하지 않는 것이나, 전체를 위해 또 전체 속에 원래 존재하지 않는 것에 관해서는, 참된 비평은 전혀 불가능한 것이다."[22] —— "어떠한 철학자도…… 논평될 수 있다…… 것을 전제하지 않는다면, 그것은 비개방적illiberal인 태도일 것이다. …… 그러나 시인도 이와 마찬가지로 다룬다면, 그것은 주제넘은 것이라고 할 수 있다. 본디 시인인 사람은 철저하게 시 자체이자, 말하자면 살아서 행동하는 예술작품이지 않으면 안 된다"라고 아테네움 제67 단편에는 말해지고 있다. 예술에서만이 아니라 정신생활의 모든 분야에서 조악한 것은 비평할 수 없다는 이 원칙에 상응하는 태도를 가리켜, 낭만주의의 술어로는 |80|'무효선언annihilieren'이라고 부른다. 이 술어는 무가치한 것을 묵살이나 아이러니한 찬사에 의해 또는 뛰어난 것의 칭찬에 의해 간접적으로 논박하는 것을 가리킨다.

● ●
20. Schriften 379 f.
21. Athenäum 404. 그의 단편은 그 맥락 속에서 미학적 비평개념과 문헌학적 비평개념 간의 신비적-전문용어적인 융합을 보이고 있다.
22. Jugendschriften II, 424 f.

아이러니의 중개는 슐레겔의 생각으로는 비평이 그것을 몸에 익힘으로써 무가치한 것에 정면 대항할 수 있는 단 하나의 방식인 것이다.

거듭 강조해 두어야 할 것은, 초기낭만주의자들은 예술비평에 대한 중요하고도 본질적인 이 같은 규정들을 서로 관련시켜 제시한 것은 아니라는 점, 그리고 체계적인 엄격함에 의해 각인된 여러 정식화들이 어떤 부분에서는 그들에게 관계가 먼 것이었다는 점, 저 세 원칙 중 어느 하나도 그 실천이라는 점에서는 모두 엄격히 준수된 것은 아니었다는 점이다. 여기에서 문제가 되고 있는 것은, 결코 그들의 비평 상의 관례를 연구하는 것도 또 그들에게서 이런저런 의미에서 예술비평에 대해 발견될 수 있는 사항들을 조립하는 것도 아니며, 오히려 이 예술비평이라는 개념을 그 가장 고유한 철학적인 지향에 따라 분석하는 일이다. 오늘날의 이해로는 가장 주관적인 것으로 여겨지는 비평이라는 것이 낭만주의자들에게는 작품이 성립할 때의 모든 주관성과 우연성 그리고 자의에 대한 규제적인 측면을 의미했다. 오늘날의 개념에 따르면 비평은 구체적인 인식과 작품의 가치평가로 이루어지지만, 낭만주의의 비평개념을 두드러지게 눈에 띄게 하는 것은 취미판단에 의한, 작품의 어떤 특수한 주관적인 평가와는 관계가 없다는 점이다. 가치평가는 작품의 구체적인 탐구와 인식에 내재해 있다. 예술이 비평의 매개 속에서 작품을 자기 안에 받아들이거나 아니면 작품을 받아들이지 않고 바로 이 거부에 의해 작품을 모든 비평 이하의 것으로 삼는 식으로 작품에 관해 판정을 내리는 것은 비평가가 아니라 예술 그 자체인 것이다. 비평은 스스로가 논하는 바로 그것에 의해 여러 작품들 내에서 그 정수를 만들어내야 하는 것이다. 비평의 객관적인 지향은 단지 그 이론 내에서만 표명되어온 것이 아니다. 미적인 사안들에서 여러 평가의 역사적인 유효기간이란 단지 그 의미에 따라 비평의 객관성이라 불릴 수 있는 것을 가리키고 있는 것이라면, 적어도 낭만주의가 수행했던 여러 비평적 판정의 유효성은 확증되어온 셈이 된다. 그들의 비평적 판정은 단테, 보카치오, 셰익스피어, 세르반테스, 칼데론의 역사적 작품들에 대한 근본적인 평가를, 그들에게 동시대의 괴테라는 현상의 근본평가와 꼭 마찬가지로, 현재에 이르기까지 규정해온 것이다.[23]

|81|초기낭만주의에서의 객관적인 지향의 힘은 대부분의 저자들에 의해 과소평가되어왔다. 프리드리히 슐레겔 자신이 그의 '혁명적인 객관성에의 열광'의 시기로부터, 즉 그리스적 예술정신에의 무조건적인 숭배[24]로부터 의식적으로 이반했기 때문에, 사람들은 그의 보다 성숙한 시대의 저작들 속에서 특히 이 청년기 이념에 대한

· ·
23. 이러한 규정은 특히 다음과 같은 업적에 의해 성취되었다. 즉 단테에 대해서는 이 시인에 대한 A. W. 슐레겔의 논문과 더불어, 또한 그에 의한 『신곡神曲』과 『신생新生』에 대한 번역, 보카치오에 대해서는 프리드리히 슐레겔의 「요하네스 보카치오의 시적 작품에 관한 보고」, 셰익스피어와 칼데론에 대해서는 (그리스 Gries에 의한 칼데론 번역과 더불어) A. W. 슐레겔의 번역, 세르반테스에 대해서는 (졸타우Soltau의 번역과 더불어) 슐레겔 형제의 권유로 계획되고 그들에게 환영받은 티크Tieck의 번역, 괴테에 대해서는 특히 프리드리히 슐레겔의 『빌헬름 마이스터』에 대한 평론과 그의 형에 의한 『헤르만과 도로테아』에 관한 논평이 그것이다.
24. [옮긴이]슐레겔은 라이프치히, 드레스덴에서 고전연구의 학자로서 출발했다. 그 성과가 『그리스 시의 여러 유파에 관하여』(1794)이고, 이어 예나로 이주하여 『그리스인과 로마인: 고전 고대에 대한 역사적, 비판적 시론』(1797), 『그리스인과 로마인의 포에지의 역사』(1798)가 쓰여졌다.

반동의 증거자료를 얻고자 했으며, 또한 그것들을 풍부하게 찾아낼 수 있었다. 그러나 이들 저작 속에는 객기로 넘친 주관성의 엄청난 수의 예증들이 실제로 발견되기는 하지만, 1796년부터 1800년에 이르는 시대의 주관주의적인 정식 또는 정식화의 강조를 완화하기 위해서도, 역시 이 저작가의 초^超의고주의적인 단서와 엄격하게 가톨릭적인 결말²⁵을 고려하는 것은 적절한 일이다. 왜냐하면 그의 지극히 주관적인 발언에서조차도, 사실 어떤 부분에서는 단순한 정식화들이 문제가 되어 있기 때문이다. 그 정식화들은 반드시 액면 가치대로 수용할 필요는 없는 각인인 것이다. 프리드리히 슐레겔의 아테네움 시대의 철학적 입장은 대부분 그의 아이러니 이론에 의해 특징지어져 왔다. 이 제목 하에 그의 사상의 객관적인 계기의 강조에 대한 원리적인 이의제기들이 표명되어왔기 때문에, 여기에서는 한 차례 이 아이러니 이론을 다루지 않으면 안 된다. 그러나 더 나아가 이 이론을 논해야만 하는 이유는, 이 아이러니 이론이 어떤 일정한 견해에서 보자면, 객관적인 계기들에 모순하기는커녕 그것들과 어떤 밀접한 관련 속에 있기 때문이다.

아이러니에 대한 다양한 발언들 속에서는 수많은 요소들이 구별될 수 있다. 아니, 이들 지극히 다종다양한 요소들을 모순 없이 하나의 개념 속에 통일시키려고 하는 것은 부분적으로도 전적으로 불가능할 것이다. 아이러니 개념이 바로 슐레겔에게 그 중심적 의미를

• •

25. [옮긴이]노발리스의 죽음(1802)과 더불어 초기낭만주의 서클은 흩어졌으며, 프리드리히 슐레겔은 파리, 쾰른 등에서 철학 강의, 문학평론, 중세연구를 수행하고, 1808년 가톨릭으로 개종하여 이후 빈 궁정의 내각비서관의 직에 있으면서 연구를 계속했다.

가지기에 이른 것은 단순히 어떤 이론적인 의미에서 이 개념이 특정 사태와 맺는 관계에 의해서가 아니라 오히려 전적으로 지향적인 태도라는 견지에서였다. 이러한 태도는 그 자체가 |82|어떤 사태로부터 눈을 떼지 않았다고 하는 것이 아니라, 여러 지배적인 이념들에 대한 항상 활기 넘치는 반대의 표명으로서, 그리고 자주 그 이념들에 대한 어쩔 수 없는 곤혹의 가면으로서 준비되고 있었던 것이다. 그런 까닭에 아이러니 개념은 그것이 슐레겔의 개성에게서가 아니라 아마도 슐레겔의 세계상에게 중요한 것이라고 과대평가되기 십상이다. 이 개념을 분명하게 통찰하는 것은 결국 다음과 같은 사정에서 곤란하게 된다. 즉 슐레겔이 명확하게 어떤 종류의 사태를 넌지시 풍자하고 있는 경우에도, 그가 결부시키는 다양한 관계들 속에서 개개의 경우에 의도된 관계를 확인해 보이는 것이 반드시 용이하지는 않고 또한 전반적으로 규준이 되는 관계를 확인하는 것도 대단히 곤란한 형편이다. [특히] 이들 사태가 예술이 아니라 인식론이나 윤리학에 관계되는 한, 여기에서는 논외로 돌리지 않을 수 없다.

예술이론에 대해 아이러니 개념은 이중적 의의를 지니고 있지만, 그 하나의 의의에서 그것은 사실 어떤 순수한 주관주의의 표현이다. 이 개념은 종래 낭만주의에 관한 문헌에서는 이러한 의미에서만 이해되고 있으며, 바로 이 일면적인 이해 때문에 방금 말한 주관주의의 증언으로서 시종일관 과대평가되어 왔다. 낭만적 포에지는 "시인의 자의Willkür는 스스로를 지배하는 어떠한 법칙마저도 참을 수 없다……는 것을 그 제1법칙으로서"[26] 인정하며, 그것을 일견 전적으로 애매한 바가 없는 것으로 칭하고 있다. 그러나 보다 정확히 고찰한다면 다음과 같은 의문이 제기된다. 즉 이 명제에 주어지는 것은, 창조하는 예술가의 권리범위에 관한 적극적인 발언인 것인가 아니면 단지 낭만적 포에지가 그 시인들에게 부과하는 요구를 과도하게 정식화한 것에 불과한 것인가라는 의문이 그것이다. 이 두 경우 모두에서, 우리는 이 명제를 해석하면서 그것을 그야말로 의미심장하고 이해하기 쉽게끔 하려고 해야 할 것이다. 우선 두 번째 경우에 관해 보자면, 낭만주의적 시인은 슐레겔이 다른 곳에서 역설적인 이상Ideal으로서 의심하면서도 제언하고 있듯이 "어디까지나 포에지 자체"[27]여야 한다는 것이 이해되지 않으면 안 될 것이다. 만일 예술가가 포에지 자체라고 한다면 그의 자의는 자기를 지배하는 법칙에 대해 참을 수 없다는 것은 자명하다. 왜냐하면 이때의 자의란 예술의 자율성에 대한 빈약한 은유Metapher 이외의 아무것도 아니기 때문이다. 이것으로는 그 명제는 아직 아무런 의미도 갖지 않는다. 그에 반해, 첫 번째의 경우에서는 시인이란, 그 자체 시로 불리는 것을 짓는 인간과는 다른 존재로서 이해하고자 작정하지 않으면 안 된다. [83]시인이라는 명칭 하에 우리는 참된 시인, 원형적인 시인을 생각해야만 하며, 이 점에 의해 즉각 저 자의는 참된 시인의 한정되어 있는 자의로서 이해되게 된다. 진정한 예술작품의 작가라 한다면, 예술작품이 예술의 어떤 객관적인 법칙성에 복속되어 있는 그러한 관계 속에 제한되어 있기 마련이다. 이렇게 말하는 경우란 사람들이 작가를 (해석의 다른 하나의 경우에

26. Athenäum 116.
27. Athenäum 67.

서와 달리) 예술의 단순한 인격화로서 이해하려고 하지 않는 때이며, 그것이 아마도 이 경우에서의 그리고 어떻든 다른 몇몇 곳에서의 슐레겔의 의견이었을 것이다. 예술작품이 예술에 의해 복속되어 있는 바의 이 객관적인 법칙성은 이미 논증되었듯이 작품의 형식 속에 존재한다. 따라서 참된 시인의 자의가 활동의 여지를 갖는 것은 소재 속에서만이며, 그 자의가 의식적이고 유희적으로 작용하는 한, 아이러니가 된다. 그것이 주관주의적 아이러니이다. 주관주의적 아이러니의 정신이란 작품의 소재성을 무시하는 것에 의해 소재성의 단계를 넘으려고 하는 작가의 정신인 것이다. 그런데 이 경우 슐레겔에서는 대체로 소재 자체가 그러한 방법 속에서 '포에지화되고' 순화되리라는 사상이 작용하고 있다. 물론 그러기 위해서는 그의 의견에 따르면 아마도 좀 더 다른 적극적인 계기, 즉 소재 속에서 제시되는 처세술의 이념들이 필요할 터이기는 하지만 말이다. 엔더스가 아이러니를 "허구 속에 서술된 것으로부터 서술하는 중심으로 즉각 이동하여 이 중심으로부터 전자를 관찰하는"[28] 능력이라고 칭하고 있는 것은 정당하다. 다만, 낭만주의적 견해에 따를 경우 이러한 태도가 일어날 수 있는 것은 단지 소재에 대해서만이라는 점까지 그가 고려를 하고 있는 것은 아니다.

그런데 초기낭만주의 시작품을 일별한다면 분명해지듯이, 단지 소재를 공략하는 데 그치지 않고 시의 형식의 통일성도 무시하는 아이러니가 존재한다. 낭만주의적 주관주의라는 사고방식을 단도 직입적으로[29] 조장한 것이 바로 이러한 아이러니이다. 그러한 사고

28. Enders 358.

방식이 생성된 연유는 [84]예술형식의 이러한 아이러니화와 소재의 아이러니화의 완전한 구별이 충분히 명확하게 인식되어 있지 않았기 때문이다. 소재의 아이러니화는 주체가 취하는 하나의 태도에 기인하지만, 예술형식의 아이러니화는 작품에서의 객관적인 계기를 나타낸다. 그들의 학설에 대해 존속하고 있는 대부분의 불명료한 성격과 마찬가지로, 낭만주의자들은 이 구별의 불명료함에도 가담하고 있다. 그들 자신이 이러한 구별을 구체적으로 명백한 것으로서 표현한 적은 한 번도 없었다. ―― 형식의 아이러니화는 형식의 자발적인 파괴 속에 존재하지만, 그것은 여러 낭만주의적 작품들 중에서도 그리고 아마도 모든 문학 일반 내에서도 티크의 희극작품들에서 가장 극단적인 모습으로 나타나 있다. 드라마 형식은 최고도로 그리고 모든 형식들 속에서 가장 인상 깊게 아이러니화될 수 있다. 왜냐하면 드라마 형식은 최고도의 환상력을 포함하고 있고, 또한 그럼으로써 자기를 완전히 해소하는 일 없이 아이러니를 고도로 자기 속에 받아들일 수 있기 때문이다. 아리스토파네스의 희극에서의 환상의 파괴에 관해 슐레겔은 이렇게 말한다. "이 훼손은 졸렬함의 발로가 아니라 사려 깊은 용기, 생명의 넘치는 충일이며, 그리고 조악한 효과를 전혀 낳지 않는 경우도 자주 있다. 아니 오히려 효과를 높여

. .
29. 이러한 사고방식에 한몫을 담당하는 것이 낭만주의적 독트린의 전적으로 그릇된 현대화이다. 그러한 그릇된 현대화는 다음과 같은 주장에서와 같이 극히 왜곡되게 표명될 경우 훨씬 더 널리 전파되어왔다. "심미적 자유야말로 인간의 본질을 이루며, 따라서 인간이 자신의 작품들 속에서 철저하게 전면에 등장하지 않으면 안 된다(슐레겔은 이것을 가리켜 낭만주의적이라고 부른다). 작품 자체는 오로지 인간성의 거울로서의 가치만을 얻으며, 이 인간성은 영원한 작용 가운데서 창조하고 파괴한다."(Lerch 13).

주기까지 한다. 왜냐하면 착각에 의해서도 결코 이 효과를 없앨 수 없기 때문이다. 생명의 최고의 활동성은…… 파괴하는 일 없이, 자극을 주기 위해…… 훼손하는 것이다."[30] 풀버Pulver가 다음과 같이 쓸 때, 그것은 동일한 생각을 드러내고 있다. "슐레겔이 왜 완전하다고 생각된 희극에 가장 높은 평가를 내릴 생각이 되었는가를 요약해본다면, 그것은 희극이란 자기 자신과의 창조적인 유희이자, 환상의 파괴나 훼손에 의해서조차 파괴될 수 없는 순수하게 미적인 국가이기 때문이다."[31] 따라서 이러한 표명에 따라 보자면, 형식의 아이러니화라는 것은 물론 형식을 파괴하는 일 없이 형식을 공격하는 것인 셈이다. 그리고 이러한 자극을 겨냥하고 있는 것이 희극에서의 환상의 파괴이다. 이 관계는, 개개 작품을 절대적인 예술작품으로 변모시키고 낭만화하기 위해, 철회할 수 없을 만큼 진지하게 형식을 해소하려고 하는 비평과의 두드러진 친근성을 나타내 보이고 있다.

그래, 고가로 사들인 작품이
네게 아무리 귀중하고
사랑스럽다 해도, 네 스스로 그것에
죽음을 가져오는 법,
|85|죽기 마련인 인간 어느 누구도 소멸케 하지 못하는
그런 작품을 희구하면서 말이지.
작품 하나하나의 죽음으로부터

• •
30. Jugendschriften I, 18.
31. Pulver 8.

전체의 형상은 개화하는 까닭이니.[32]

"우리는 우리 자신의 사랑을 넘어서야 하며, 우리가 찬미하는 것을 사고 속에서 무화시킬 수 있어야만 한다. 그렇지 않으면 우리는…… 무한한 것에의 감각을 결여하게 된다."[33] 이러한 진술들로 슐레겔은 비평에서의 파괴적인 측면, 비평에 의한 예술형식의 해체에 대한 자기의 생각을 다 나타낸 셈이다. 따라서 형식의 이러한 파괴란 작가의 주관적 변덕의 표현이기는커녕, 예술에서의 객관적인 법정의 과제, 즉 비평의 과제인 것이다. 그리고 다른 한편으로 슐레겔이 아이러니를 가리켜 "모든 것을 조망하고, 모든 제약된 것을 무한히 넘어서며, 또한 자기의 기술, 덕, 독창성도 넘어서는"[34] 정조라고 특징지을 때, 그는 바로 동일한 사안을 시인의 아이러니적인 표명의 본질로서도 삼고 있다. 따라서 무제약적인 것에 대한 관계로부터 비롯되는 이러한 종류의 아이러니에서 논점이 되어 있는 것은 주관주의나 유희가 아니라, 한정되어 있는 작품을 절대자로 동화하는 것, 한정된 작품의 몰락을 대가로 그것을 완전히 객체화하는 일이다. 아이러니의 이 형식은 예술의 정신에서 유래하는 것이지, 예술자의 의지에서 유래하는 것이 아니다. 이 형식은 비평과 마찬가지로 반성 속에서만 나타날 수 있는 것임은 자명하다.[35] 소재의 아이

<hr />

32. Jugendschriften II, 431. [옮긴이]슐레겔의 장편시 「헤르쿨레스 무자게테스」의 한 절.
33. Jugendschriften II, 169.
34. Lyzeum 42.
35. 아이러니의 반성적 성격은 티크Tieck의 희곡 속에서 특히 분명하다. 주지하듯이

러니화 또한 반성적인 것에 틀림없지만, 이것은 작가의 주관적이고 유희적인 반성에 기초를 두고 있다. 소재의 아이러니는 소재를 파기한다. 그것은 부정적이고 또한 주관적이다. 그에 반해 형식의 아이러니는 긍정적이고 또한 객관적이다. 이 아이러니의 독특한 긍정성은 이와 동시에, 역시 마찬가지로 객관 쪽으로 향해진 비평으로부터 아이러니를 구별하는 특징이 된다. |86|아이러니에 의한 예술형식에서의 환상의 파괴와, 비평에 의한 작품의 파괴는 어떠한 관계에 있는가? 비평은 하나의 연관을 위해 작품을 전적으로 희생으로 삼는다. 그에 반해 작품 자체를 유지하면서도 그럼에도 예술의 이념에 대해 작품이 완전히 연관되어 있음을 가시화할 수 있는 그러한 방식이 (형식의) 아이러니인 것이다. 이 아이러니는 그것이 공격을 가하는 작품을 파괴하지 않을 뿐 아니라, 그 작품을 파괴불가능성에까지 근접시킨다. 아이러니에서 작품의 특정한 서술형식이 파괴되는 것에 의해, 개개 작품의 상대적인 통일은 더욱더 깊게 보편작품으로서의 예술의 통일 속으로 되돌려지며, 그 작품의 상대적인 통일이 상실되는 일 없이 완전히 이 예술의 통일에로 관련된다. 왜냐하면 개개 작품의 통일과, 이 통일이 아이러니와 비평 속에서 언제든 옮겨지는 곳인 예술의 통일 사이에는, 단지 단계적인 구별만이 있을

⋅ ⋅

모든 문학적 희극에서는 관객, 작가, 연극인이 서로 함께 관련되어 있다. 풀버는 한 장소에서 4중四重의 반성이 행해짐을 지적한다. 즉 "연극을 즐기고 있는 자의 정서"가 첫 번째 반영의 징표이고, "무대 위에서 그것을 보고 있는 자"가 두 번째 반영의 징표이다. 그 다음에 "배우가 연기자로서의 자신의 독자성 내에서 자기 자신에 대해" 반성하기 시작하며, 끝으로 그는 "아이러니한 자기관찰 속으로 침잠한다."(Pulver 21)

뿐이기 때문이다. 만약 낭만주의자들이 아이러니 속에서 작품의 절대적인 해체를 보았다면, 그들 스스로가 아이러니를 예술적인 것으로서 느낄 수 없었을 것이다. 그런 까닭에 슐레겔은 앞서 언급한 진술 속에서(본서 136쪽을 참조), 작품의 파괴불가능성을 강조하고 있는 것이다. —— 이 관계를 명확히 밝히기 위해서는 이중적 형식 개념이 도입되어야만 한다. 사람들이 서술형식이라고 부르고자 하는 개개 작품의 일정한 형식은, 아이러니에 의한 해체의 희생이 된다. 그러나 아이러니는 이러한 형식 너머로 영원한 형식이라는 우주를 열어젖힌다. 그것은 곧 절대적 형식이라 일컬어도 좋은, 여러 형식들의 이념이다. 이리하여 아이러니는 작품이 살아남는 것을 증명하며, 작품은 그 고립된 반성의 표현인 경험적 형식이 아이러니에 의해 흡수된 연후에도, 이 영역으로부터 작품 자신의 파괴불가능한 존립을 창출해낸다. 서술형식의 아이러니화는 말하자면 폭풍과도 같은 것으로, 이 폭풍이 예술의 선험론적 질서 앞의 장막을 들어올려, 이 질서와 그 안에서의 하나의 신비제의로서의 작품의 직접적인 존립을 드러내 보인다. 작품이란 본질적으로는 헤르더가 고찰했던 바와 같은 실체의 신비제의로 불릴 수 있는 창조적 천재성의 계시나 비의(祕儀)가 아니다. 그것은 질서의 비의이자, 예술의 이념에 대한 작품의 절대적 의존성의 계시이며, 작품이 그 이념 속에 영원 불멸하게 지양되어 있는 상태의 계시이다. 이런 의미에서 슐레겔은 '가시적 작품의 경계들'[36]의 피안에는 |87| 비가시적인 작품의 영역, 예술의 이념의 영역이 열려져 있음을 알고 있다. 티크의 아이러니적

36. Jugendschriften Ⅱ, 177.

희곡이나 장 파울[37]의 토막 소설 속에 나타나 있는 작품의 파괴불가능성에 대한 믿음은 초기낭만주의의 신비적인 근본확신이었다. 낭만주의적 시인들이 왜 예술가의 성향Gesinnung으로서의 아이러니의 요구에 만족하지 않고 아이러니가 작품 속에 제시되어 있는 것을 목도하기를 바랐는가는 이 믿음으로부터만 납득될 수 있다. 아이러니는 여러 성향들과는 다른 기능을 지니고 있다. 성향들이란 아무리 바람직한 것이라고 할지라도 예술가에 대해서만 요구될 수 있을 뿐이라는 바로 그 이유 때문에, 작품 속에서 자립적인 모습을 취해 나타날 수 없다. 형식의 아이러니는 근면이나 성실함 같은 작가의 지향적 태도가 아니다. 그것은 보통 행해지고 있듯이 어떤 주관적인 무제약성의 지표로서 이해될 수는 없고, 오히려 작품 자체에서의 어떤 객관적인 계기로서 평가되어야만 한다. 형식의 아이러니는 형성물에서 더욱더 해체를 통해 건설하려는 역설적인 시도이다. 즉 작품이 이념과 맺는 관계를 작품 자체 속에서 명시하려고 하는 시도를 뜻한다.

37. [옮긴이]장 파울Jeal Paul(1763-1825)은 괴테와 동시대의 산문작가이다. 당시의 소시민 생활의 현실과 꿈을 자유로운 형식으로 생생하게 묘사했다.

Ⅲ. 예술의 이념

    낭만주의의 예술이론은 예술의 이념이라는 개념에서 그 정점에 이르며, 그 이외 모든 교설의 확증 및 이들 교설의 궁극적 지향에 관한 해명은 바로 이 개념을 분석하는 데서 찾아질 수 있다. 이 개념은 단지 비평, 작품, 아이러니 등에 관한 개개의 정리理의 도식적인 접합점 같은 것이 전혀 아니며, 사실상 지극히 중요한 의미를 띠고서 형성되어 왔다. 가장 내적인 영감으로서 예술의 본질에 대한 낭만주의자들의 사유를 이끌어온 것이 이 개념 속에서 비로소 발견될 수 있다. 방법적으로는 낭만주의의 예술이론 전체는 절대적인 반성매체를 예술로서, 좀 더 정확히 말하면 예술의 이념으로서 규정하는 데에 의거하고 있다. 예술적 반성의 기관Organ은 형식이기 때문에, 예술의 이념은 형식들의 반성매체로 정의된다. 이 매체에서 모든 서술형식들은 부단히 서로 연관해 있고, 서로 이행해 있으며, 하나로 결합되어 예술의 이념과 동일한 바의 절대적인 예술형식이

된다. 예술의 통일성이라는 낭만주의의 이념은 그러므로 형식들의 연속체라는 이념 속에 존재한다. 따라서 예를 들면 비극은 |88|그것을 보는 자에게 그대로 연속하여 소네트와 연결되게 될 것이다. 칸트의 판단력이라는 개념과 낭만주의의 반성개념의 구별은 이러한 연관 속에서는 어렵지 않게 드러날 수 있다. 즉 반성은 판단력이 그러하듯 주관적으로 반성하는 태도가 아니라 작품의 서술형식 속에 포함되어 존재하고, 비평에서 전개되며 결국 형식들의 합법칙적인 연속체 속에서 실현되는 것이다. 「헤르쿨레스 무자게테스」[1]에서는, 위에서 말한 바와 같이 서술형식과 절대적 형식이라는 술어로 일컬어진 저 구별을 암시하면서, 시인에 관해 이렇게 말해지고 있다. "그에게는 어떠한 형식도…… 그 자신의 것이 된다. 그는 명민하게…… 여러 형식을 용이하게 직조된 보다 높은 수준의 형식으로 연결시킬 수 있다."[2] 아테네움 116 단편에서는 보다 상세하게 낭만적 포에지를 규정하기를, "저마다 다른 포에지의 장르들 모두를 다시금 결합시키는 것……"이라고 말하며, 더 나아가 "낭만적 포에지는 시적으로 존재하는 것이면 어떠한 것도 포괄한다. 예컨대 여러 체계를 다시금 자신 속에 포함해가는 예술이라는 최대의 체계로부터, 시를 짓는 아이가 문득 꾸밈없는 노래 속에 내쉬는 탄식이나 입맞춤에 이르기까지. …… 낭만주의 문학이란 [개별]장르를 넘어서 있는, 말하자면 시문학 자체를 뜻하는 유일무이한 문학장르

· ·

1. [옮긴이]「헤르쿨레스 무자게테스」Herkules Musagetes(1801)는 프리드리히 슐레겔의 교훈시로서, 여기에서 그는 1800년에 착수한 「레싱론」의 주제에 결말을 맺으려는 의도에서 자신의 포에지의 이념을 비가悲歌형식으로 노래하고 있다.
2. Jugendschriften Ⅱ, 431.

Dichtart이다." 예술형식들의 연속체를 이 정도로 명확하게 나타내는 것은 거의 불가능할 것이다. 동시에 슐레겔은 이 예술통일체를 낭만적 포에지 또는 낭만적 문학장르라고 부름으로써 이것에 가장 확정적이고 구체적인 특성묘사를 부여하려고 의도했다. "우리에게는 이미 문학장르에 대한 수많은 이론들이 있다. [그럼에도] 문학장르에 대한 개념을 아직껏 가지고 있지 않은 이유는 무엇인가? 만약 그것을 가진다면 아마도 문학장르 이론이 단 하나만일지라도 급한 대로 임시변통되어야 할 것이다"[3]라고 말할 때, 슐레겔은 이러한 낭만적 문학장르를 염두에 두고 있는 것이다. 그러므로 낭만적 포에지는 포에지의 이념 자체이자 예술의 여러 형식들의 연속체이다. 슐레겔은 그가 이 이념을 사고할 때의 결의와 충일감을 표현하기 위해 더할 나위 없이 집중적인 노력을 기울였다. "만약 여러 이상들이 사상가에게 고대의 신들이 예술가에게 그러했던 정도만큼 개성을 지니고 있지 않다면, 이념에 관계하는 모든 작업은 속이 빈 정식^{定式}과의 따분하고도 힘든 주사위 놀이에 지나지 않다."[4] 특히 [89]"포에지를 하나의 개체로 간주할 수 있는 사람만이 포에지에 대한 감각을 지닌다."[5] 그리고 "여러 개체들의 전^全 체계를 자신 안에 포함하고 있는 개체도 또한 존재하는 것이 아닐까?"[6] 포에지는 적어도 형식들의 반성매체로서 이러한 개체이지 않으면 안 된다. 노발리스가 "무한히 특성화된 개체가 하나의 무한체의 마디이다"[7]라고 말할 때,

- -

3. Lyzeum 62.

4. Athenäum 121.

5. Athenäum 415.

6. Athenäum 242.

사람들은 틀림없이 그가 예술작품을 생각하고 있다고 믿을지도 모른다. 어쨌든 그는 철학과 예술에 대해, 여러 이념들의 연속체의 원리를 표명하고 있는 셈이다. 포에지의 이념들은 낭만주의적 해석에 따르면 여러 서술형식들이다. "자신의 철학에서 모든 개개의 철학적 학설들을 유일한 철학적 학설로 변모시켜, 그것들 모두의 개체로부터 하나의 개체를 만들어낼 수 있는 철학자야말로, 자신의 철학에서 그 최고치에 도달한다. 그가 모든 철학들을 단 하나의 철학 속으로 결합시킬 때 그는 철학자의 최고치에까지 이를 수 있다. ······ 철학자와 예술가는, 만일 그렇게 말해도 좋다면, 유기적으로 처리해간다. ······ 그들의 원리, 그들의 합일된 이념은 하나의 유기적인 맹아로서, 이 싹은 불특정한 개체들을 내포하고 있는, 무한히 개성적이고 지극히 온화한 하나의 모습으로 자유로이 발전해가는, 사상 풍부한 이념을 이루는 것이다."[8] —— "하나의 것으로부터 다른 것으로, 그리하여 하나의 것으로부터 모든 것으로 제각각 또는 체계적으로 도달하는 예술과 학문이 모든 것을 파악하는 것이다. 그것은 정신적인 현자의 기술Weisekunst, 예견술이다."[9] 이러한 현자의 기술이 비평임은 말할 것도 없다. 그것은 프리드리히 슐레겔에 의해 '예견적divinatorisch'[10] [비평]이라고도 불린다.

예술통일체의 개성을 표현하기 위해 슐레겔은 자신의 개념들을 극도로 긴장시켜 역설적인 것을 향해 손을 내밀었다. 최고의 보편자

- - -

7. Schriften 505.
8. Schriften 84 f.
9. Schriften 139.
10. Athenäum 116 등등.

를 개성으로서 나타내려고 하는 사상은 이와는 달리 실행 불가능했다. 하지만 이러한 사상은 그 자체로서는 궁극적인 모티프로서 결코 부조리하거나 또는 단순한 오류만을 지닌 것은 아니다. 오히려 슐레겔이 자신의 사상 속에서 어떤 충분히 가치 있고 유효한 모티프를 단지 잘못 해석해버린 것이다. 이 모티프라 함은, [90]예술의 이념이라는 개념이 단지 경험적으로 발견된 여러 예술작품들로부터 추상해낸 것이라는 [세간의] 오해로부터 이 개념을 지키고자 하는 노력이었다. 그는 이 개념을 플라톤적인 의미에서의 하나의 이념, 본성상 보다 앞선 것πρότερον τῇ φύσει[3901]으로서, 즉 모든 경험적인 작품의 실재근거로서 규정하려고 했다. 그리고 그런 까닭에 그가 이 개념을 하나의 개성적인 개념으로 만들어내야 한다고 믿었을 때, 예로부터 자주 있었듯이 추상적인 것과 보편적인 것을 서로 혼동해버렸던 것이다. 슐레겔이 거듭 강조하여, 예술의 통일성, 형식들의 연속체 자체를 하나의 작품이라고 부르는 것은 오로지 이러한 의도에 의한 것이다. 다른 곳에서 그가 말하고 있는 (본서 139쪽을 참조) 가시적인 작품을 자기 속에 받아들이고 있는 것은 다름 아닌 이 비가시적인 작품이다. 그리스 포에지의 연구에 의해 슐레겔에게는 이러한 구상이 움트고 있었던 것으로, 그는 이 구상을 그 연구로부터 더 나아가 포에지 일반으로까지 이행시키고 있었다. "모든 옛사람들을 말하자면 한 사람의 작가처럼 읽고 모든 것을 전체로서 바라보며 자신의 온 힘을 그리스인들에 집중했던 체계적인 빙켈만은, 고대인과 근대인의 절대적인 차이를 인지함으로써 실질적인 고대학古代學에의 최초의 초석을 놓은 인물이었다. [하지만] 과거, 현재, 미래에 걸쳐 고대인과 근대인이 절대적으로 동일 인물이라는 입장과 조건들이

발견되었을 때에야 비로소, 적어도 학문의[11] 윤곽이 완성되었고 또한 이제 방법적인 상론이 생각될 수 있노라고 우리는 말할 수 있다."[12] "고대의 모든 시들은 한층 큰 덩어리들과 부분들로부터 전체가 형성되기까지 서로 긴밀히 연결되어 있다. …… 따라서 옛 포에지는 분할 불가능하고 완성된 유일한 시이다라고 말하는 것은 분명 공허한 비유가 아니다. 이미 존재해 있는 것이 왜 다시 새롭게 생성되지 않을 리 있겠는가? 어떤 다른 방식으로 생성하리라는 것은 자명하다. 하지만 왜 보다 아름답고 보다 위대한 방식으로는 아닌가?"[13] ── "고대인들의 고전적인 시들이 모두 연관되어 있고, 서로 떼어놓을 수 없이 하나의 유기적 전체를 형성하고 있으며, 단 하나의 시, 즉 시작법 자체가 완전한 것으로 보이는 유일한 시로서 보여지고 있는 것은 정당하다. 이와 유사한 방식으로, 완전한 저작에 있어서는 모든 책들이 단 하나의 책이어야 한다."[14] ── "이와 같이 예술의 개별적인 측면은, 만일 그것이 |91| 근본적으로 생각된다면, 헤아리기 어려울 만큼 [무한한] 전체로 나아가야만 한다! 그렇지 않으면, 실은 다른 모든 것이 확실히 하나의 시, 하나의 작품일 수 있다는 사실이 포에지 자체인 것은 아니라고 그대들은 진정 믿고 있는 것인가?"[15] 눈에 보이지 않는 작품으로서의 포에지는 생성을 통한 통일을 이루는바, 여기에서 여러 형식들의 조정과 화해는 눈에 보이는

● ●
11. 즉 예술철학의.
12. Athenäum 149.
13. Jugendschriften Ⅱ, 358.
14. Ideen 95.
15. Jugendschriften Ⅱ, 424. 또한 Jugendschriften Ⅱ, 427도 참조.

표준적인 과정이다. —— 결국 예술 자체가 하나의 작품이라는 신비적 테제—— 슐레겔은 이 테제를 1800년경 특히 그의 사상의 전면에 내세웠다—— 는, 아이러니 속에 순화되어 있는 작품들은 파괴 불가능하다고 주장하는 명제와 긴밀히 연관되어 있다. 이들 두 명제는, 예술에서의 이념과 작품은 절대적 대립물들이 아니라는 것을 명확히 하고 있다. 이념은 작품이며, 또한 작품이 자신의 서술형식의 한정성을 극복한다면 그것은 이념인 것이다.[16]

작품 전체에서의 예술의 이념의 제시를 슐레겔은 전진적인 보편시progressive Universalpoesie의 과제로 삼았다. 포에지를 이와 같이 전진적인 보편시라고 칭하는 것 자체가 다름 아니라 바로 그 과제를 지시하고 있다. "낭만적 포에지는 전진적인 보편시이며, …… 낭만주의적인 시작법은 아직도 생성 속에 있는 것이다. 아니, 그것은 영원히 계속 생성될 뿐 결코 완성될 수 없다는 것이 그 본래적인 본질이다."[17] 예술의 이념에 관해서는 다음과 같은 말이 합당하다. "이념은 하나의 명제로는 표현될 수 없다. 그것은 여러 명제들의 무한한 열例이자, 비합리적인 위대함이며, 정립될 수 없는 것[18], 헤아릴 수 없는 것이다. 그러나 이념의 진전의 법칙은 확립될 수 있다."[19] —— 다만, 이 전진적인 보편시라는 개념과 반성매체라는 개념의

<hr />

16. 특기할 점은, 이 경우에 '작품Werk'이라는 단어에 의한 용어사용이 '비가시적인' 통일성을 지칭한다는 사실이다. 이때의 통일성은 슐레겔이 말하는 예술의 통일성과 유사한 것으로, 즉 거장, 특히 조형예술가의 여러 창조의 총괄개념을 가리킨다.
17. Athenäum 116.
18. 그럼에도 피히테의 견해와는 달리 결코 반성할 수 없는 것은 아니다.
19. Schriften 159.

III. 예술의 이념 • 147

연관이 염두에 두어지지 않는다면, 특히 전자의 개념에는 현대풍의 오해가 항상 따라다닐 우려가 있다. 그 오해는 무한적인 전진을 한편으로는 그 과제의 불확정적인 무한성, 다른 한편으로는 시간의 공허한 무한성이라는 단순한 기능으로서 파악하는 점에 있을 것이다. 그러나 |92|전진적인 보편시에 과제를 부과하는 이념의 명확성과 그 이념의 개성을 얻기 위해 과연 얼마나 슐레겔이 분투했는가는 이미 언급한 바 있다. 따라서 전진의 무한성 때문에 스스로의 과제의 명확성으로부터 다른 데로 눈을 돌리는 것은 허용될 수 없다. 그리고 비록 이 명확성 속에는 원래 제약이 존재하고 있지 않다 할지라도, "이 생성하는 포에지에게는…… 전진이나 발전의 어떠한 제약도 존재하지 않는다"[20]라는 정식화가 역시 사람들을 그릇된 길로 이끌지도 모른다. 왜냐하면 이 정식화는 본질적인 점을 강조하고 있지 않기 때문이다. 본질적인 점은 오히려, 전진적인 보편시의 과제란 여러 형식들이라는 하나의 매체 속에서 그 매체의 전진적이면서 점차 엄밀하게 되어가는 지배와 질서로서 지극히 확정적으로 주어져 있다는 점이다. "미는…… 단지 만들어내어져야 하는 무언가에 대한 공허한 사상인 것만이 아니라…… 하나의 사실Fakum, 즉 영원한 선험론적인transzendental 사실이기도 하다."[21] 이는 여러 형식들의 연속체로서의 미, 매체로서의 미이다. 그리고 이 질서짓는 지배의 무대로서의 혼돈Chaos을 통과하여 이 매체를 구체화하는 것이 이미 노발리스에 의해(본서 55쪽을 참조) 행해졌다. 슐레겔의 다음

20. Huch 112.
21. Athenäum 256.

과 같은 진술에서도 혼돈이란 절대적인 매체의 징표 이외의 아무것도 아니다. "그러나 최고의 미, 아니 최고의 질서는 결국은 혼돈의 미에 지나지 않는다. 즉 조화로운 세계로 발전해가기 위해, 사랑에 닿기만을 애타게 기다리고 있는 혼돈의 미인 것이다……."[22] 따라서 문제가 되는 것은 공허한 것 속으로의 전진도 아니고, 막연히 행한 시작作의 향상도 아니며, 오히려 포에지적 형식들을 부단히 보다 크게 포괄해가는 발전과 고양인 셈이다. 이 과정이 일어나고 있는 시간적인 무한성은 또한 매개적이고 질적인 무한성이다.[23] 그런 까닭에 이 전진적이라는 것은 이른바 '진보Fortschritt'라는 근대적인 표현 하에서 이해되는 바와는 전혀 달리, 문화의 여러 단계들 상호 간의 단지 상대적일 뿐인 관계가 아니다. 그것은 인류의 생명 전체와 같이 어떤 무한한 실현과정이지, 단순한 생성과정이 아니다. 그럼에도 불구하고 이들 사상 속에는 낭만주의적 메시아주의가 충분하게는 그 힘을 발휘하고 있지 않은 것은 부정될 수 없지만, 그럼에도 이들 사상은 슐레겔이 [93]『루친데』에서 다음과 같이 표명한 바 있는, 진보의 이데올로기에 대한 그의 원리적 입장과 조금도 모순되는 것은 아니다. "그렇다면 정지도 중심점도 없는 무조건적인 노력과 진보란 무엇일까? 남몰래 자연스레 성장하고 형성되어가는 인류라는 무한한 식물에게 이 질풍노도는 형성의 양식이 되는 자양분을 제공할 수 있는 것일까? 이 공허하고 불안한 생의 영위는 북방 게르

· ·
22. Jugendschriften Ⅱ, 358.
23. 이는 낭만주의적 메시아주의에서 귀결된 것이지만, 여기에서는 더 이상 다루어 질 수 없다.

만인의 난폭한 기질 이외의 아무것도 아닌 것이다.”[24]

선험론적 시Transzendentalpoesie라는 개념은 많은 논쟁을 초래해 왔지만, 이러한 연관에서 볼 경우 이 개념을 정확히 설명하는 것은 곤란하지 않다. 그것은 전진적인 보편시라는 개념과 마찬가지로 예술의 이념의 한 규정이다. 전진적인 보편시라는 개념이 개념적인 집중에 의해 시간에 대한 예술의 관계를 제시하고 있다고 한다면, 선험론적 시라는 개념은 낭만주의의 예술철학이 발생해 나온 그 체계적인 중심에로 돌아가도록 지시하고 있다. 그런 까닭에 이 개념은 낭만적 포에지를 절대적인 시적 반성으로서 제시한다. 아테네움 시대의 프리드리히 슐레겔의 사상세계에 있어서는, 선험론적 시는 정확히 빈디쉬만 강의에서의 원자아Ur-Ich 개념과 일치한다. 이 점을 증명하기 위해서는 슐레겔과 노발리스에게서 선험론적인 것이라는 개념이 어떠한 관계에 놓여 있는가를 면밀히 추적할 필요가 있다. 그것들의 관계는 도처에서 반성의 개념에로 내몰린다는 것을 알 수 있다. 따라서 슐레겔은 해학Humor에 대해 이렇게 말한다. “해학의 본래적인 본질은 반성이다. 그런 까닭에 그것은…… 선험론적인 모든 것과 친연관계에 있다.”[25] —— “교양Bildung의 최고 과제는 선험론적인 자기를 획득하는 것, 자아임과 동시에 그 자아의 자아가 되는 것”[26], 즉 반성적 태도를 취하는 것이다. 반성은 고차의 반성에로 이행하기 위해 그때그때의 정신적 단계를 넘어선다. 그러므로

• •
24. Lucinde 28.
25. Athenäum 305.
26. Schriften 8.

노발리스는 자기투철에서의 반성행위와 관계시켜 이렇게 말한다. "세계의 바깥에 저 장소가 주어져 있다. 그런 까닭에 아르키메데스는 이제 자신의 약속을 실현할 수 있는 것이다."[27] 고차의 시가 그 근원을 반성에 두고 있음은 다음의 단편 속에 시사되어 있다. "우리의 내부에는 다른 여러 문학들과는 전혀 다른 성격을 지닌 것으로 보이는 어떤 종류의 문학들Dichtungen이 존재한다. 왜냐하면 그러한 문학들은 필연성의 감정을 동반하고 있으면서도, 또한 그럼에도 그것들의 외적인 원인은 전혀 발견되지 않기 때문이다. 인간에게는 마치 그 자신이 어떤 |94| 대화 속에 참여하는 가운데 무언가 어떤 미지의 정신적 존재자가 놀라운 방식으로 그를 가장 명료한 사상의 전개로 나아가도록 유인해가는 듯이 생각될 뿐이다. 이러한 존재자는 고차의 존재자임에 틀림없다. 왜냐하면 이러한 존재자는 여러 현상에 구속되어 있는 어떠한 존재자에게도 가능하지 않은 방식으로 인간과 관계를 갖기 때문이다. 그것은 인간과 동질적인 존재자임에 틀림없다. 왜냐하면 그것은 인간을 정신적 존재처럼 취급하고 인간을 더할 나위 없이 희소한 자기활동에로 불러내기 때문이다. 이 고차의 자아가 인간과 맺는 관계는 인간이 자연과, 혹은 현자가 어린아이와 맺는 관계와 동일하다."[28] 고차의 자아의 활동에서 발원하는 문학들이 선험론적 시를 구성하는 [유기적] 부분들이며, 이 선험론적 시의 특성묘사는 절대적 작품 속에 각인된 예술의 이념에 부합한다. "종래의 포에지는 대부분 동적인 인상을 주지만, 미래의

27. Schriften 27.
28. Schriften 61.

선험론적 시는 유기적인 포에지라고 불릴 수 있을 것이다. 그것이 고안되는 날에는, 지금까지의 참된 시인은 모두 부지중에 유기적으로 작시하고 있었던 것임이, ── 그러나 이 의식의 결여가…… 그들 작품의 전체에 근본적인 영향을 끼쳤던 것임이, ── 그리하여 그들 대부분은 개개의 점에서만 기실 시적인 데 지나지 않고 전체에서 보자면 보통은 시적이지 않았다는 사실이 밝혀질 것이다."[29] 작품 전체의 포에지는 노발리스의 견해에 따르면 절대적인 예술통일의 본질을 인식하는 데에 달려 있다. ──[그런데] 이 '선험론적 시'라는 전문용어의 명료하고 단순한 의미를 통찰하는 것은 어떤 특수한 사정에 의해 터무니없이 곤란한 것이 되어버렸다. 즉 슐레겔의 근본 사상으로 볼 때 그가 논구한 사상적 진행에 대한 주요전거로서 간주 될 수 있는 그러한 단편 속에서, 그는 문제의 선험론적 시라는 표현 을 다른 방식으로 정의하여,[30] 그 자신과 노발리스의 언어 사용법에 서 보자면 같은 의미이어야 할 하나의 술어로부터 그것을 구별해버 렸던 것이다. '선험론적 시'라는 표현은 실은 노발리스에서는── 그리고 그것은 슐레겔에서도 또한 의미에 합치하는 것일 터이지만 ── 포에지의 절대적인 반성을 의미한다. 그런데 슐레겔은 이것[포 에지의 절대적인 반성]을 문제의 단편 속에서 '포에지의 포에지'로 정의하고, [95] '선험론적 시'와 구별하고 있다. "그 전체가 관념적인

• •

29. Schriften 82.

30. 아마도 이 단편에서 보여지는 것은 '선험론적 시'라는 용어에 대한 일차적인 대결인 것 같다. 이 때문에 이 용어는 그가 이후에 관용어로서 사용한 의미와 일치하지 않는다. 만약 그렇지 않다면 우리는 하나의 의식적이고 유희적인 동 음이의어를 상정해야만 할 것이다.

것과 실재적인 것의 관계로 이루어져 있고 따라서 철학적 전문용어의 유추로 말한다면 선험론적 시라고 불려져야 할 그러한 포에지가 존재한다. …… 그러나 비판적이지도 않고, 산출자를 그 산물과 함께 서술하는 것도 아닌 선험론적 철학, 그리고 선험론적 사상의 체계 속에 동시에 선험론적인 사유의 특성묘사를 포함하고 있지 않은 그러한 선험론적인 철학에 아무런 가치가 인정되지 않는 것처럼, 그와 마찬가지로 저 [선험론적] 포에지도 창작능력에 대한 문학 이론을 형성하기 위한, 근대의 시인들에게는 드물지 않은 여러 선험론적 소재와 예비적 연습을, 예술적 반성이나 뛰어난 자기반영과…… 결합시켜, 그 서술들 중 어느 것을 취하더라도 동시에 자기 자신도 표현한 것이지 않으면 안 된다. 그리고 모든 점에서 포에지인 동시에 포에지의 포에지이어야 할 것이다."[31] 낭만주의 철학을 명시할 때에 선험론적 시라는 개념이 야기하는 난점, 이 개념이 등장할 때에 부가되어 나타났던 불투명함은, 위의 단편에서는 이 선험론적 시라는 표현이 포에지에서의 반성적인 계기와 관련해서가 아니라 그리스 시와 근대시의 관계에 대한 슐레겔의 꽤 오래된 문제제기와 관련해서 사용되는 데에 있다. [물론] 슐레겔에 의해

31. Athenäum 238. 그리고 만약 엔더스가 "포에지의 포에지는…… 실제로는 하나의 고양에 다름 아니며 비낭만주의적 포에지와 대립되는 낭만주의적 포에지와 같은 의미이다"(376)라고 말한다면, 이는 슐레겔 단편의 결론을 올바르게 이해하지 못한 것이다. '포에지의 포에지'라는 표현은 반성(사유의 사유)의 도식에 따라 형성되며 또한 그것에 따라 이해되어야 한다는 것을 그는 간과하고 있다. 또한 그는 Athenäum 247에 기초하여 그 표현을 '포에지적 포에지'라는 표현과 그릇되게 동일시하고 있는데(377), 후자의 표현은 사실 거기서 단지 진술되어 있을 뿐이다.

그리스 시는 실재적real인 것으로서, 근대시는 관념적인ideal 것으로 서[32] 특징지어졌으므로, 그는 '선험론적 시'라는 용어를 통해 형이상 학에서의 관념론과 실재론 사이의 전혀 다른 종류의 철학적인 논쟁 과 칸트에서의 선험론적 방법에 의한 이 논쟁의 해결을 신비주의적 으로 암시하고 있기도 하다. 그러나 여기에서도 결국 슐레겔의 언어 사용은, 노발리스가 선험론적 시라고 부르고 슐레겔 자신이 포에지 의 포에지라고 일컫고 있는 바의 것과 정확히 일치한다. 왜냐하면 이 두 최종 명칭들에서 생각되고 있는 반성이야말로 슐레겔의 '선험 론적인' 미학적 난문難問에 대해 확실한 해결의 방법이 되기 때문이 다. |96|이미 상세히 말했듯이, 예술작품 자체에서의 반성을 통해, 한편으로는 상대적인 것으로 머물기는 하지만 예술작품의 엄격한 형식상의 긴밀함(그리스적 유형)이 형성되며, 다른 한편으로는 그 러나 이 긴밀함이 그 상대성으로부터 해방되어 비평과 아이러니에 의해 예술의 절대성 속으로 높여져간다(근대적 유형).[33] ── '포에지 의 포에지'란 절대자의 반성적 성질의 총괄적인 표현이다. 그것은

<hr>

32. 이와 다른 종류이자 역사철학적인 정향을 띠지 않은 쉴러의 언어적 용례인 '이상Ideal'에 대한 [슐레겔의] 여러 힐난들을 참조할 것.

33. 그러므로 아테네움 시기의 슐레겔에게는 그리스적 (실재적, 소박한) 유형의 예술작품이란 그 해결은 잠정적으로 보류한 채 오직 아이러니적 의도에서만 생각될 수 있는 것으로 존재한다. 소박성은 슐레겔에게 이를테면 실물보다 큰 반성으로서 간주된다. 그는 "아이러니에까지 이르는 본능"(Athenäum 305)을 찬양하면서 이렇게 주장한다. "위대한 실천적 추상화(반성과 같은 의미)야말로 고대인을 ── 그들에게 이 추상화는 본능이었다 ── 본연의 고대인으로 만든 다."(Athenäum 121). 이러한 의미로 그는 호머, 셰익스피어, 괴테에서의 소박성 을 파악한다. (『그리스인과 로마인의 포에지의 역사』 및 Athenäum 51, Athenäum 305를 참조할 것.)

자기 자신을 의식한 포에지이다. 그리고 의식이란 초기낭만주의자들의 학설에서는 의식으로 하여금 의식하게 하는 것의 고양된 정신적 형식에 지나지 않는 것이므로, 포에지의 의식은 그 자체 포에지에 다름 아니다. 이것이 포에지의 포에지이다. 고차의 포에지는 "그자체가 자연이며 생명이다. …… 그러나 그것은 자연의 자연, 생명의 생명, 인간 내의 인간이다. 그리고 이 차이는, 적어도 그 차이를 지각하는 자에게는 진정 충분히 확정적인 것이자 결정적인 것이라고 나는 생각한다."[34] 이 정식은 수사적인 점층법이 아니라 선험론적 시의 반성적인 성질을 특징짓고 있는 것이다. "내가 추측하기로는, 셰익스피어에 관해서도 또한 머지않아 형의 마음속에 예술의 예술이 비추어지겠지요"[35]라고 프리드리히 슐레겔은 그의 형에게 보낸 편지에 쓰고 있다.

세속적인 형식들의 붕괴 이후에 절대적 존재 속에 살아남는 형식으로서의 선험론적 시라는 기관Organ을 슐레겔은 상징적 형식이라고 부른다. 1803년 『오이로파』Europa 창간 때의 문학적 회고 속에서 그는 『아테네움』의 소책자들에 관해 이렇게 말하고 있다. "그 책자들의 처음에는 비평과 보편성이 주요한 목적이었고, 후기의 부분들에서는 신비주의의 정신이 가장 본질적인 것이었다. 신비주의라는 말을 두려워해서는 안 된다.[36] 그것은 예술과 학문의 여러 비의祕儀를 알려주는 말로서, [197]그러한 비의 없이는 예술도 학문도 그 이름에

· ·
34. Jugendschriften Ⅱ, 428.
35. Briefe 427.
36. 슐레겔은 명백히 여기에서 신비주의Mystizismus를 신비설Mystik의 사이비적인 면모와 구별하는 것을 등한시하고 있다.

값하지 않을 것이다. 그러나 특히 이 말은, 상징적 형식과 그 형식이 세속적인 의미에 대해 취해야 하는 필연성의 강력한 옹호를 나타내고 있다."[37] '상징적 형식'이라는 표현은 두 가지 종류의 것을 가리킨다. 첫째로 이 표현은 시적인 절대적 존재와 합치하는 여러 개념과의 관계, 그 중에서도 신화와의 관계를 가리킨다. 예를 들면 아라베스크 양식은 신화적 내용을 암시하는 하나의 상징적 형식이다. 이러한 의미로는 상징적 형식은 여기에서의 관련에는 속하지 않는다. 둘째로 상징적 형식은 순수 시적인 절대적 존재가 형식 속에 명백히 나타나 있는 각인을 뜻한다. 예를 들면 슐레겔은 레싱의 영예를 기려 이렇게 말하고 있다. "그의 작품들의 상징적 형식 때문에, …… 이 형식…… 때문에, 그의 작품들은 보다 높은 예술의 영역에 속하는 것이다. 상징적 형식이야말로 이러한 예술의 유일하고 결정적인 징표이기 때문이다."[38] 슐레겔이 포에지의 최고의 과제에 대해, 이 과제는 "도처에서 유한한 것의 가상이 영원한 것의 진리와 관련되고 바로 그럼으로써 무한의 진리 속으로 해소되는 그러한 것을 통해, 즉…… 기만 대신에 의미^{Bedeutung}가 나타나고 현존재 내의 유일한 현실적인 것이 나타나는 그러한 상징을 통해 이미 자주 달성되어왔다"[39]라고 말할 때, 이 '상징^{Symbol}'이라는 일반적인 표현에 의해 이해되고 있는 것이 상징적 형식에 다름 아니다. 여기에서 말해지고 있는 의미, 즉 예술의 이념과의 연관이 반성을 통해 선험론적 시의

· ·
37. Kürschner 305.
38. Jugendschriften Ⅱ, 426.
39. Jugendschriften Ⅱ, 427.

작품들에 상징적 형식을 부여하는 것이다. '상징적 형식'이란 예술작품에 대한 반성의 영향력을 한마디로 통합하고 있는 그러한 정식이다. "아이러니와 반성은 낭만주의 문학이 지닌 상징적 형식의 근본특성들이다."[40] —— 그러나 반성은 또한 아이러니의 기초를 이루고 따라서 예술작품 속에서는 상징적 형식과 완전히 동일한 것이기 때문에, 보다 정확하게는 다음과 같이 말해져야 할 것이다. 즉 상징적 형식의 근본특성은, 한편으로는 그 서술형식이 반성의 자기한정의 단순한 표현으로까지 정화되어 일상적인 서술형식[41]과는 구별되는 그러한 순수성 가운데에 존재한다. 또한 다른 한편으로는 [98]상징적 형식의 근본특성은 반성이 거기에서 절대적 존재 속으로 높여지는 그러한 (형식의) 아이러니 속에 존재한다. 예술비평은 이 상징적 형식을 그 순수성 속에서 제시한다. 다시 말해 예술비평은 작품 속에 결부되어 있을지 모르는 비본질적인 모든 요소들로부터 상징적 형식을 해방시키고, 작품의 해소와 더불어 그 일을 종료시킨다. 온갖 개념적 신조어를 사용한다고 하더라도, 낭만주의 이론의 틀 내에서는 일반적으로 말해지는 형식과 상징적 형식의 구별, 상징적 형식과 비평의 구별이 그다지 완전히 명확하게 되지는 않는다는 사실이 이 고찰에서는 항상 집요하게 따라다닌다. 다만 이처럼 선명하지 못한 경계설정을 대가로 해서, 예술이론의 모든 개념들은 낭만주의자들이 노력 끝에 완수한 바대로 절대적 존재의 영역으로 편입

· ·

40. Margolin 27.
41. 따라서 그러한 것으로서의 서술형식이 전적으로 일상적일 필요는 없다. 그것은 완전한 순수성에 의해 절대적 내지 상징적 형식에 관계할 수 있으며 또는 결국 이 형식으로 변할 수 있다.

될 수 있는 셈이다.

　모든 서술형식들 내에는 다음과 같은 하나의 서술형식, 즉 거기에서는 낭만주의적 시인들이 반성적인 자기한정뿐만 아니라 자기확장도 지극히 결정적으로 형성하며, 또한 그 정점에서 이 양자가 무차별적으로 서로 이행하는 것이 발견되는 그러한 서술형식이 존재한다. 이 최고의 상징적 형식이 소설^{Roman}이다. 이 형식에서 무엇보다 눈에 띄는 것은 그 형식이 지닌 외면상의 무구속성과 무규칙성이다. 소설은 실제로 뜻대로 자기에 관해 반성하고, 항상 새로운 고찰들 속에서 보다 고차적인 입장으로부터 모든 주어진 의식단계들을 반영할 수 있다. 다른 형식들에 있어서는 단지 아이러니의 기습적인 도입에 의해서만 가능한 것을 소설은 자신의 형식의 본성으로부터 달성할 수 있다는 사정에 의해, 소설에서 아이러니는 중화된다. 그러나 소설은 결코 자신의 형식을 벗어나지 않는다는 바로 그 이유 때문에, 다른 한편으로는 소설의 모든 반성들은 다시금 자기 자신에 의해 한정되는 것으로 보일 수 있다. 왜냐하면 반성들을 제한하는 것은 결코 규범적 성질의 서술형식이 아니기 때문이다. 이 점이 소설에서는 서술형식을 중화시키고 있는 것으로, 서술형식은 소설 속에서는 그 형식의 엄격함 속에서가 아니라 그 형식의 순수함 속에서만 존재할 따름이다. 저 외면상의 무구속성은 명백한 것이므로 강조할 필요가 없었던 데 반해, 소설형식에서의 신중성과 순수한 집중은 낭만주의자들에 의해 거듭 강조되어왔다. "관찰과 자기 자신 내로의 귀환이라는 정신은…… 지극히 정신적인 모든 포에지의 공통된 특성이다"⁴²라고 슐레겔은 「빌헬름 마이스터론」에서 말하고 있다. 이 정신적 포에지가 ^{|99|}소설이다. 소설이 갖는

정체[停滯]시키는 성격은 소설에 고유한 반성의 표현이다. 같은 곳에서 『햄릿』에 대해 "이 희곡은 그 정체시키는 성질에 의해, 확실히 이 점에 본질을 두는 소설과…… 친연관계에 있는 것으로 보일지도 모른다"[43]라고 말하고 있다. 노발리스는 "이 소설[44]의 정체시키는 성질은 특히 문체 속에서 드러난다"[45]라고 말한다. 반성적으로 각기 자신 속에 완결되어 있는 관념복합체들이 소설을 형성하는 것이라는 인식에 근거하여, 그는 "소설의 서술방식이 하나의 연속체일 필요는 없고, 그것은 각각의 모든 완전문[完全文]들로 조직된 구조여야만 한다. 아무리 작은 부분이라도 그것은 어떤 떼어놓은 것, 한정된 것, 하나의 고유한 전체이지 않으면 안 된다"[46]고 말한다. 슐레겔이 『빌헬름 마이스터』에 대해 칭찬하고 있는 것이 바로 이 서술방식이다. "하나이면서 분할할 수 없는 소설의 필연적인 각 부분들은 개개 덩어리들의 차이를 통해…… 하나의 체계 자체가 된다."[47] 슐레겔에게는 반성의 서술이야말로 이 소설에서의 괴테의 장인적 탁월함의 최고 자격증명으로 간주된다. "무한에까지 이를 정도로 거듭거듭 자기 자신을 응시하고 있는 성격을 서술하는 것이야말로 한 사람의 예술가가 그의 능력이 지닌 바닥을 알 수 없는 깊이로부터 길어 올릴 수 있었던 가장 훌륭한 증명이었다."[48] 소설은 모든 상징적

42. Jugendschriften II, 177.
43. Jugendschriften II, 177.
44. 『빌헬름 마이스터』를 가리킨다.
45. Schriften herausgegeben von Minor III, 17.
46. Schriften herausgegeben von Minor III, 307 f.
47. Jugendschriften II, 173.
48. Jugendschriften II, 179.

형식들 중 최고의 형식이고, 낭만적 포에지는 포에지의 이념 자체이다. ── '낭만적'이라는 명칭 속에 있는 양의성^{兩意性}을 슐레겔은 스스로 추구하고 있었다고는 할 수 없지만, 확실히 그것을 감수하고 받아들였다. 주지하듯이 '낭만적'이라는 말은 당시의 용법에서는 '기사적^{騎士的}', '중세적'이라는 의미를 띠고 있지만, 슐레겔은 이 의미의 배후에다 ── 실제로 그가 그렇게 하는 것을 좋아했듯이 ── 이 말의 어원에서 읽혀짐에 틀림없는 그 자신의 본연의 생각을 숨겼던 것이다. 따라서 하임^{Haym}과 같이, '낭만적'이라는 표현은 그 본질적인 의미에서 어디까지나 '소설풍^{romangemäß}'이라고 해석되어야만 한다. 하임이 말하는 바로는, 슐레겔은 "진정한 소설은 모든 포에지적인 것의 정상^{頂上 Non plus ultra}이자 그 총화이다"라는 학설을 대표하며, "그러므로 슐레겔은 응당 이 포에지적 이상을 '낭만적' 문학이라는 이름으로 부르게 된다."[49] |100| 소설이란 따라서 슐레겔의 예술이론이 이해했듯이 모든 포에지적인 것의 총화로서, 시적인 절대적 존재의 명칭이다. "소설의 철학은······" 포에지 일반의 철학의 "정수리돌^{虹石}이라고 해도 좋을 것이다."[50] 소설은 다른 장르들과 나란히

----

49. Haym 251. 하임은 슐레겔이 항상 『빌헬름 마이스터』로부터 이러한 이론을 ── 설령 그 이론이 완전한 것일지라도, 그리고 이 이론에서 그가 사실상 결정적으로 강조하고자 한 것이 무엇이건 간에 ── "새로운 구성과 새로운 정식에로" 창출할 준비가 되어 있었다고 설명한다. 이러한 평가는, 추후 보다 명확히 되어야 하겠지만, 그의 철학적 사유세계로부터 내재적으로 이해될 수 있다. 어떻든 간에, 하임은 슐레겔의 "피히테 철학에서 비롯된 무한한 자기반성이나 선험론적인 것 [등등]······의 개념들과 연관시켜 본, 그리고 소설의 관점 하에서 본, 근대 포에지에 대한 고찰"에 관해 언급할 때, 반성과 선험론적 시 그리고 소설이론 간의 이러한 연관을 때때로 시사하고 있다(802).

50. Athenäum 252.

있는 하나의 장르가 아니고, 낭만적 문학장르^{Dichtart}는 많은 문학장르 중 하나가 아니며, 오히려 그것은 이념들이라는 점이 자주 강조되어 왔다. 이 "책을, …… 관습과 신앙, 우연적인 경험과 자의적인 요구로부터 구성되고 성립된 장르 개념에 따라서 판정하는 것, 이러한 태도는 마치 어린아이가 달이나 별을 손에 잡으려 하거나 자신의 작은 상자 속에 넣으려고 하는 것과 같다"[51]라고 슐레겔은 『빌헬름 마이스터』에 관해 쓰고 있다.

초기낭만주의는 소설을 단지 포에지에서의 반성의 최고형식으로서 그 예술이론에 편입시켰을 뿐만 아니라, 그것을 예술이념이라는 근본구상에 한층 직접적으로 관련시킴으로써 소설 내에서 그 예술이론의 특별한 초월적^{transzendent} 확증을 발견했던 것이다. 이 근본구상에 따르면, 예술은 여러 형식들의 연속체이며, 그리고 초기 낭만주의자들의 견해에 따르면 소설은 이 연속체의 파악 가능한 현상이다. 소설이 이와 같이 파악 가능한 것이 되는 것은 산문^{Prosa}을 통해서이다. 포에지의 이념은 슐레겔이 얻고자 애썼던 포에지의 개성을 산문이라는 형태 속에서 발견했다. 초기낭만주의자들은 이 개성을 위한 규정으로서 산문보다 더 깊고 적절한 것을 알지 못한다. 일견 역설적인, 실은 그러나 매우 깊은 의미를 지닌 이 견해를 통해, 그들은 예술철학의 완전히 새로운 기초를 발견한다. 초기낭만주의의 예술철학 전체, 그리고 특히 그 비평 개념은 이 기초에 의거해 있다. 이 비평 개념을 목표로 해서 우리는 지금까지 일견 옆길로 보이는 것에 관해 탐구를 계속해 오지 않으면 안 되었던 셈이다.

—— |101| 포에지의 이념은 산문이다. 이것이 예술 이념의 최종적인 규정이며, 또한 소설이론의 참된 의미이기도 하다. 그리하여 소설이론은 비로소 그 깊은 의도에서 이해되고, 『빌헬름 마이스터』에 대한 전적으로 경험적인 관계로부터 풀려난다. 낭만주의자들이 포에지의 이념으로서의 산문이라는 것을 어떤 의미로 이해했는가는 노발리스가 1798년 1월 12일에 A. W. 슐레겔에게 보낸 다음과 같은 편지 구절로부터 짐작될 수 있다. "만약 포에지가 스스로를 확장하려고 한다면, 그것은 포에지가 자기를 제한함으로써만, 다시 말해 포에지가 자기를 수축시켜 그 연료를 말하자면 연소시키고 그리고 스스로를 응결시킴으로써만 가능한 것이지요. 포에지는 산문적인 외관을 유지하되, 그 성분들은 결코 그 정도로 긴밀한 결합에 —— 따라서 그만큼 엄격한 율동의 법칙에 —— 따르고 있는 것은 아닙니다. 포에지는 제한된 것을 서술하는 데에 한층 많은 능력을 갖게 됩니다. 하지만 포에지는 어디까지나 포에지이고 —— 따라서 포에지에 원래 갖추어져 있는 본질적인 법칙들에 충실합니다. 포에지는 말하자면 유기적인 존재자가 되어, 그 구조 전체는 그것이 유동적인 것에서 성립한 것임을, 그리고 그 근원적으로 탄력적인 성질, 그 무제한성, 그 전능을 간파하게 합니다. 그 부분들의 혼합만이 불규칙할 뿐이고, 그 부분들의 질서나 그것들이 전체와 맺는 관계는 여전히 한결같습니다. 하나하나의 매력은 모두 그 안에서 모든 방향으로 확장해갑니다. 여기에서도 또한 그 부분들은 영원히 쉬고 있는 전체 주위를 운동하고 있지요. …… 여기에서도 문장들의 운동이 단순하고 단조로우며 평온하면 할수록, 그리고 문장들의 혼합이 전체 속에서 조화를 이루면 이룰수록, 더 나아가 그 맥락이 느슨하며 표현이 투명하

고 무색에 가까울수록, 요란하게 꾸며진 산문과는 반대로,[52] 대상들에 의존해 있는 것으로 보이는 이 냉담한 포에지는 한층 완전한 것이 됩니다. —— 포에지는 여기에서는, [이 같은] 여러 요구들의 엄격성에 의해 보다 유순하고 보다 유연한 것이 되기를 포기하고 있는 듯이 보입니다. 그러나 포에지에 의한 시도를 이 형식 속에서 감행하려고 하는 자에게는, 이러한 모습으로 포에지를 완전히 실현하는 것이 얼마나 어려운가가 곧바로 명확하게 되겠지요. 이 확대된 포에지야말로 바로 시적 작가의 최고의 문제이며 —— 근사치에 의해서밖에 해결될 수 없는 문제이자 원래 고차의 포에지에 [102]속하는 문제입니다. …… 여기에는 여전히, 헤아리기 어려운 분야, 가장 본래적인 의미에서 무한한 영역이 존재합니다. 저 고차의 포에지를 무한한 것의 포에지라고 부를 수도 있겠지요."[53] 포에지적 형식들이라는 반성매체는 산문 속에 나타난다. 그런 까닭에 산문은 포에지의 이념이라고 불려도 좋다. 산문은 문학적 형식들의 창조적 지반으로, 이들 형식은 모두 산문 속에서 매개되어 있고 또한 이 형식들의 규범적인 창조기반으로서의 산문 속으로 해소되어 있다. 산문에서는 구속된 리듬들이 남김없이 서로 융합하여 하나의 새로운 통일, 노발리스에서는 '낭만적 리듬'[54]인 바의 산문적 통일로 결합된다.[55]

· ·

52. 이 대목이 실려 있는 앞뒤 맥락을 참조할 것(Briefwechsel 54 ff.). 앞서 언급했듯이, 소설의 양식은 노발리스에 따르면 단순한 연속체가 아니라 하나의 조직된 질서ein gegliederte Ordnung(본서 159쪽을 참조)이어야 하는 반면, 이 요란하게 꾸며진 산문—— 이것은 예술과는 전혀 관계가 없고 오히려 수사학과 관련된다 —— 은 그에 따르면 하나의 "유동하는…… 흐름"이라 불린다.

53. Briefwechsel 55 f.

54. Briefwechsel 57.

── "포에지는 여러 예술들 속에 섞여 존재하는 산문이다."[56] 이러한 관점 하에서 비로소 소설의 이론은 그 가장 깊은 의도에서 이해되며, 『빌헬름 마이스터』와의 경험적인 관계로부터 해방된다. 포에지 전체가 하나의 작품으로서 통일되어 있는 것은 하나의 시를 산문으로 제시하는 것이기 때문에, 소설은 최고의 포에지적 형식인 것이다. 노발리스가 "소설은 표현법상의 모든 장르들을 공통의 정신에 의해 다양하게 결합된 하나의 연속 속에 포괄하고 있는 것은 아닐까?"[57]라고 말할 때, 그것은 아마도 산문이 갖는 결합 기능을 암시하려고 하는 의도일 것이다. 프리드리히 슐레겔은 노발리스 못지않게 그 지향하는 바는 깊었지만, 그만큼 순수 산문적 요소를 파악하고 있지는 않았다. 그가 자신의 소설적 표본인 『루친데』에서 여러 형식을 결합시키는 데에 그 과제가 있었음에도 불구하고, 그 과제를 실현하는 순수하게 산문적인 것보다는 그 형식들의 다양성 쪽에 한층 더 중점을 두어 이것을 육성시킨 것도 어쩌면 그런 연유에서였을지 모른다. 이 소설의 제2부에서 그는 많은 시를 삽입하려고 했다. 그러나 형식들의 다양성과 산문적인 것이라는 두 가지 경향들은 공히, 제한된 형식에 대한 반대와 선험론적인 것das Transzendentale에의 열망을 공유하고 있다. 다만 이 점은 프리드리히 슐레겔의 산문을 통해

──

55. 산문에 관한 동일한 고찰을 보이고 있는 것은 니체의 『즐거운 학문』의 92번째의 잠언 '산문과 포에지'이다. 다만 거기에서의 주된 시선은, 노발리스의 경우와 같이 시적 형식에서 산문적 형식으로 향하는 것이 아니라 오히려 그 반대로 산문적 형식에서 시적 형식으로 향하고 있다.

56. Schriften 538.

57. Schriften 512.

군데군데 제시되어 있다기보다는 차라리 그 속에 요청되어 있다. 슐레겔의 소설이론에서도 또한 산문의 사상은, 그것이 의심할 여지 없이 산문 본래의 █1U3█정신을 규정하고 있다고 할지라도, 그 중심지 점 내에 명료한 상태로 있다고는 할 수 없다. 그는 그 사상을 소재의 포에지화라는 이론에 의해 복잡하게 해버렸다.[58]

산문을 포에지의 이념으로 여기는 생각은 낭만주의의 예술철학 전체를 규정하고 있다. 이 명확한 규정에서 출발하여, 이 예술철학 은 역사적으로 커다란 성과를 낳았다. 그것은 그 전제들과 본래적 본질에서는 가치를 인정받지 못했지만, 근대적 비평의 정신과 함께 보급되어 있었을 뿐만 아니라, 다소간 특색 있는 모습을 띠고서 저물어가는 프랑스 낭만주의[59]나 독일 신낭만주의[60] 같은 후년의

. .

58. 이 이론은 현재의 논의연관에는 속하지 않는다. 이 이론은 두 가지 계기를 포함 하고 있다. 즉 첫째로 주체적, 유희적 아이러니 속에서 소재를 파괴하는 것, 둘째로 신화적 내용 속에서 소재를 드높이고 순화시키는 것이 그것이다. 첫 번째 원리로부터 이해될 수 있는 것이 (소재적인) 아이러니로서, 소설에서의 유머도 또한 이 원리로부터 이해될 수 있을 것이다. 두 번째 원리로부터 이해될 수 있는 것은 아라베스크이다.

59. [옮긴이]1800년경부터 프랑스대혁명에 의한 변동과 외국 문학의 영향에 의해 일어났으며, 1840년경에 절정에 달했다. 그 특징은 개인주의적, 자유주의적 경 향과 함께 사회적 사명의 자각을 구비하고 있는 점에 있었다. 주된 작가로서 샤토브리앙, 스탈 부인, 라마르틴, 위고, 스탕달 등을 들 수 있다.

60. [옮긴이]1890년경 결정론적인 인간파악으로 인해 한계를 드러낸 자연주의나 과학적 합리주의에 대립해서 일어난 예술적 경향을 말한다. 이 명칭은 반합리 주의, 상징주의 속의 낭만주의 전통을 되살려 지향한 데서 유래했다. 이 유파를 대표하는 작가로는 데멜을 선두로 1895년 이후의 하우프트만, 초기의 호프만슈 탈에 이어, 게오르게, 릴케 등의 서정시인을 꼽을 수 있다. 주체적·자발적인 심정의 복권, 서정성, 상징성, 니힐리즘, 인상주의 등이 중시되었다.

여러 예술 유파의 철학적 기반 속으로 유입되었다. 그러나 특히 이 철학적 근본구상은 넓은 의미의 낭만주의 서클[61] 자체 내에 어떤 독특한 관계를 만들어내고 있다. 물론 일반적으로 인정되듯이 좁은 의미의 낭만파의 경우와 마찬가지로 이들에게 공통된 기반이라는 것 역시 단지 문학 내에서만 탐구되고 철학 내에서는 같은 정도로 탐구되지 않는 한, 발견되지 않은 채 끝날 뿐이다. [하지만] 앞서 말한 관점[62] 하에서는 이 넓은 의미의 낭만주의 서클 속으로—— 비록 그 중심 속이라고는 말할 수 없다 할지라도—— 하나의 정신이 깊숙이 들어온다. 그리고 그 정신은 단지 말의 근대적인 의미에서 시인이라 평가되는 것만으로는 (여하튼 시인이라는 것은 대단히 높게 평가되어 마땅하다고 할지라도) 파악될 수 없으며, 또한 이 정신이 낭만주의에 대해 갖는 이념사적인 관계는 이 정신과 낭만주의의 특별한 철학적인 일치가 등한시되어 있다면, 어디까지나 불명료한 상태에 머무를 뿐이다. 이 정신이란 곧 횔덜린이거니와, 낭만주의자들에 대한 그의 철학적 연관을 확립하고 있는 테제는 예술의 깨어있음^{Nüchternheit}에 대한 명제이다. 이 명제는 본질적으로는 철저

• •

61. [옮긴이]초기낭만주의에 속하는 슐레겔 형제, 바켄로더, 노발리스, 티크 등의 예나파에 대해, 1803년 이후 베를린을 중심으로 아르님, 아이헨도르프, 푸케, 샤미소 등의 민족주의적, 환상적 낭만주의가 번창하게 된다. 1810년 이후에는 독일 낭만주의는 점차 변질되어, 아담 뮐러의 문학살롱 낭만주의나 호프만의 환상 기괴한 작품 등으로 변모한다. 낭만주의의 진수는 오히려 장 파울, 횔덜린, 클라이스트의 고립된 3인의 작가 속에서 보여진다. 여기에서는 예나파를 좁은 의미의 낭만주의자로서, 그 밖의 작가들을 포함하는 것을 넓은 의미의 낭만주의자로서 보고 있다.

62. [옮긴이]'앞서 말한 관점'이란 '포에지란 여러 예술 사이에 섞여 존재하는 산문이다'라는 초기낭만주의의 관점을 말한다.

히 새롭고 아직 예상될 수 없는 영향을 주고 있는 낭만주의 예술철학의 근본사상으로서, 서구 예술철학에서의 아마도 최대 시기가 이 사상에 의해 특징지어진다. 이 사상이 저 철학의 방법적 처리방식, 즉 반성과 어떻게 연관되어 있는가는 명확하다. 예술의 원리로서의 반성이 그 정점에 각인되어 있는 바의 산문적인 것이야말로 곧 그 언어사용 면에서 말하면 어떤 깨어있음의 비유적인 명칭인 것이다. 사유하는 [104]냉정한 태도로서의 반성은 엑스타제Ekstase, 즉 플라톤이 말하는 열광μανια[마니아]과는 반대이다. 초기낭만주의 시인들에게서 이따금 빛이 반성매체의 상징, 끝없는 숙고의 상징으로 등장하고 있듯이(본서 55쪽을 참조), 휠덜린도 또한 이렇게 읊고 있다.

> 그대, 항상 길을 양보해야 하는 사려 깊음이여,
>
> 때때로 너는 어디로 숨는가, 그대 빛이여.[63]

"사려 깊음Besonnenheit은 교양을 얻으려고 노력하는 인간의 원초적인 시신詩神 Muse이다"[64]라고 철학적이라고는 할 수 없는 A. W. 슐레겔조차 말하고 있다. 그리고 노발리스는 그것을 "원초적 포에지 위에 비추는 광선[65]이라고 부른다. 그는 매우 독특하고 아름다운 이미지로 반성의 깨어있는 성질을 나타낸다. "자기 자신에의 반성이란⋯⋯ 자음화子音化하는 본성이 아닐까?[66] ⋯⋯ 안으로, 즉 내적

63. Hölderlin IV, 65.
64. Briefwechsel 52.
65. Briefwechsel 52.
66. 자음은 모음과는 달리 지체시키는 원리로서 이해되었다. 즉 그것은 숙고

세계로 향하는 노래. 담화談話 — 산문 — 비평.'[67] 최고의 단계에 있는 낭만주의 예술철학의 전체적 연관은, 부분적으로는 아직 발전의 여지를 남기고는 있지만, 이러한 진술 속에 도식적으로 시사되어 있다.

횔덜린은 자신의 후기 저작들 속에서 '신성하리만큼 깨어있는'[68] 포에지를, 지극히 심오한 사상의 충일 속에서 인식하고자 노력했다. 여기에서는, 명료함은 결여되어 있지만 동일한 목표를 지닌 프리드리히 슐레겔과 노발리스의 문장들을 이해하기 위한 예비적 의도에서 특히 눈에 띄는 대목 한 군데를 인용하기로 하자. "만일 포에지가 우리나라에서도 — 시대나 체제의 차이는 논외로 하더라도 — 고대인들의 묘안μηχανή에로 높여진다면, 그것은 우리에게도 시인들의 시민적 생존을 지키기 위해서는 바람직한 일일 것이다. — 그리스의 예술작품들과 비교하면, [근래의] 다른 예술작품들에는 신뢰가 결여되어 있다. 적어도 이들 예술작품은 지금까지는, 아름다운 것을 만들어내는 예술작품의 법칙적인 계산이나 그 외의 방법에 의해 판정되기보다는 오히려 그것들이 자아내는 인상에 의해 판정되어왔다. 더욱이 근대의 포에지에 결여되어 있는 것은 훈련과 그리고 |105| 장인 근성이다. 즉 포에지의 방법이 고려되고 가르쳐지며 그리고 그것이 습득되면, 실행 속에서 항상 신뢰가 거듭될 수 있다는 점이 결여되어 있는 것이다. 사람들 사이에서는 어떠한 사물에

• •
　Besinnung의 표현이다. "소설이 지체시키는 성질을 갖는다면 그것은 실로 시적으로 산문적인 것, 하나의 자음이다."(Schriften 539)
67. Schriften 539.
68. Hölderlin IV, 60.

168 • 제2부 예술비평

대해서도 특히 다음과 같은 점에 주의가 기울여져야 한다. 즉 그것이 어떤 무엇Etwas이라는 점, 즉 그것은 그 자신의 현상이라는 수단(중개moyen)에 의해 인식될 수 있다는 점, 그것이 조건지어져 있는 방식은 규정되고 가르쳐질 수 있다는 점이다. 그런 까닭에 그리고 보다 고차적인 이유들로 인해 포에지는 특히 확실하고 특징적인 원리와 제약을 필요로 한다. —— 그 때문에 언젠가는 필요해지는 것이 바로 저 법칙적인 계산이다."[69] 노발리스는 "참된 예술시Kunstpoesie는 계산될 수 있는 것이다"[70]라고 말한다. —— "예술은······ 기계적인 것이다."[71] —— "본연의 예술의 자리는 오로지 지성 속에 있을 뿐이다."[72] —— "자연은 낳고 정신은 만들어낸다. 스스로 자기를 만들어내는 것보다 만들어지는 편이 훨씬 쉬운 일이다(원문대

· ·

69. Hölderlin V, 175. 횔덜린은 이러한 말을 통해 슐레겔과 노발리스의 경향들의 정곡을 찌르고 있지만, 그러나 그 외에는 이 연구에서 이들 두 사람의 경향에 관해 말해지고 있는 것이 횔덜린에게도 들어맞는 것은 아니다. 슐레겔과 노발리스에 의한 낭만주의적 예술철학의 정초 속에서 한편으로는 분명 강력하지만 그러나 명확함으로까지 충분히 형성되지는 않았던 경향, 그리고 [다른 한편으로] 그들이 그 경향을 뚜렷하게 말한 경우에는, 따라서 그들의 사고의 최고치에서 선취된 입장에 해당하는 것, 바로 그것이야말로 횔덜린의 영역이었다. 횔덜린은 이러한 영역을 넓게 바라보고 통괄하고 있었지만, 슐레겔에게나, 그리고 이 점에서 슐레겔보다 더 명확히 보고 있었던 노발리스에게도 이 영역은 어디까지나 약속의 땅으로만 존재했다. 예술의 깨어있음이라는 저 중심이념을 무시한다면, 이들 두 예술철학은 단연코 직접 서로 비교될 수 있는 것은 아니다. 이는 이들 두 예술철학의 창시자들이 개인적으로 서로 아무런 관계도 갖지 않았던 사정과도 같다.

70. Schriften herausgegeben von Minor Ⅲ, 195.

71. Schriften 206.

72. Schriften 69.

로!)[Il est beaucoup plus commode d'être fait que de se faire lui(sic!)-même.[73] 이와 같이 만들어내는 방식이 곧 반성이다. 슐레겔이 말하는 바에 따르면, 작품 속에서 이 의식적 활동을 증명하는 것은 무엇보다도 "감추어진 의도들인바, …… 창조적 정신Genius의 경우에는…… 아무리 많은 의도를 전제하더라도 결코 많은 것이 아니다."[74] "지극히 작은 것조차도 그것을…… 의도적으로…… 더불어 형성하는 것"[75]이야말로 시인의 장인적 탁월함에 대한 증명이다. 근본적이라는 것은 『아테네움』에서는—— 이 근본주의Radikalismus의 기반은 모종의 불명료함이기는 하지만—— 다음과 같이 말해진다. "사람들은 작가들을 자주 공장조직에 비교함으로써 [그들을] 험담하는 것이라 여긴다. 그러나 진정한 작가는 공장주이기도 해야 하는 것이 아닌가? |106|무언가 위대한 방식으로 합목적적이고 유용한 여러 형식들 속으로 문학적 재료를 형성하는 일에 그의 전 생애를 바쳐야 하는 것은 아닌가?"[76]—— "예술가가…… 영감을 받고 있는 한, 그는 전달을 위해서는 적어도 자유롭지 않은 상태에 처해 있는 것이다."[77]—— 낭만주의적 시인들이 참된 예술형성물의 파괴불가능성에 관한 명제를 말했을 때, 그들은 제작된 작품, 산문적 정신에 의해 충만된 작품을 생각하고 있었다. 아이러니의 광선이 비치면서 붕괴되는 것이라곤 단지

• •
73. Schriften 490. 또한 다음 문장도 참조할 것. "수학은 참된 학문이다. 왜냐하면 그것은 [인공적으로] 만들어낸 인식을 포함하기 때문이며, …… 방법적으로 독창성을 낳는 것이기 때문이다."(Schriften herausgegeben von Minor Ⅱ, 262).
74. Jugendschriften Ⅱ, 170.
75. Athenäum 253.
76. Athenäum 367.
77. Lyzeum 37.

환영뿐이다. 작품의 핵심은 그러나 파괴불가능한 채로 남는다. 왜냐하면 작품은 결국 해체되기 마련인 망아忘我 Ekstase에 기초해 있는 것이 아니라 불가침의 깨어있는 산문적 형태 속에 기초해 있기 때문이다. 기계적인 이성을 통해, 작품은 더욱더 무한한 것 속에서 —— 한정된 형식들의 극한치에서 —— 깨어있는 채 구성되어 있다. 현상적으로 아름다운 (좁은 의미로 시적인) 제한된 형식들의 피안에서 이렇듯 작품이 신비적으로 구성되는 데 있어 그 원형을 이루는 것이 소설이다. 이 이론이 예술의 본질에 대한 종래의 여러 견해와 단절되는 것은 결국 이 이론이 저 '아름다운' 형식에 대해, 미 일반에 대해 내어주고 있는 장소에서 표명된다. 형식이란 더 이상 미의 표현이 아니라, 이념 자체로서의 예술의 표현이라는 점은 이미 상세히 서술했다. 결국 미의 개념은 낭만주의의 예술철학 일반으로부터 멀어져 가는 것임에 틀림없다. 그리고 그것은 단지 미의 개념이 합리주의적 해석에 따라 규범의 개념과 착종되어 있었기 때문만이 아니라 무엇보다도 우선 미가 '즐거움', 만족, 취미의 대상이 되어버려서, 새로운 해석에 따라 예술의 본질을 규정한 냉철하게 깨어있는 상태와는 합치하지 않는 것으로 여겨졌기 때문이다. "포에지에 관한 본연의 예술론은 예술과 생경한 미 간의 절대적인 상이성, 양자의 영원히 해소될 수 없는 분리와 함께 시작할 것이다.[78] …… 열광도 없고 해박한 지식도 없는 천박한 딜레탕트에게는…… 물론 이러한

78. 포에지의 철학과 관련하여 이 단편 내의 다른 대목에서 미에 대해 긍정적인 의미로 말해지고 있다면, 그때의 표현은 여기에서와는 전혀 다른 의미를 지닌다. 즉 그것은 가치영역을 나타내고 있다.

시학은 흡사 그림책을 보고 싶어 하는 아이한테 삼각법에 관한 책을 주는 것처럼 보여짐에 틀림없다."[79] —— "최고의 |107|예술작품이라는 것은 전적으로 불친절한 것이다. 그것은 단지 접근적으로만nur approximando 마음에 들 수 있고 또 응당 그러함에 틀림없는 이상들Ideale, 즉 미적 명령들ästhetische Imperative인 것이다."[80] 예술 및 그 작품이 본질적으로는 미의 현상도 또 미의 직접적인 감격적 흥분의 표명도 아니라 형식들이라는 자기 속에 쉬고 있는 매체라고 보는 그러한 이론은 낭만주의 이후 적어도 예술발전의 정신 자체 속에서는 더 이상 망각될 수 없는 것이 되었다. 만일 플로베르처럼 뛰어나게 의식적인 거장의 예술이론이나, 고답파高踏派[81]라든가 게오르게 파[82]의 예술이론을 그 원칙들에까지 규명하고자 한다면, 그들 속에서는 여기에서 논증된 원칙들이 발견될 것이다. 이 원칙들이 이들 이론 속에서 정식화되어야 했던 것으로, 그 근원은 독일 초기낭만주의의 철학 속에서 확인되어야 했던 셈이다. 그 원칙들은 이 시기의 정신에게는 지극히 진기한 것이었던 까닭에 키르허가 다음과 같이 설명할 수 있었던 것도 당연했다. "이들 낭만주의자들은 —— 당시에나

• •

79. Athenäum 252. 마지막 문장에서 시사되고 있는 것은 단지 몰이해만이 아니라 그러한 일이 지닌 무미건조함, 진부한 공허함이다.

80. Schriften 565.

81. [옮긴이]19세기 후반 프랑스에서 낭만주의에 대한 반동으로 생겨난 프랑스 근대시의 한 유파. 선구자로는 테오필 고티에와 테오도르 드 방빌이 있으며, 이후 P. 베를렌과 S. 말라르메도 참여하였다.

82. [옮긴이]슈테판 게오르게Stefan George를 중심으로 한, 고답적이고 배타적인 시동인지 『예술회보』에 기고했던 시인들을 가리킨다. 초기의 호프만슈탈, 클라게스, 군돌프, 베르트람 등이 여기에 속한다.

오늘날이나 일반적으로 그렇게 이해되고 있듯이 —— 다름 아닌 '낭만적인 것'을 자기 자신에게서 멀리하려고 했던 것이다."[83] "나는 냉철한 것, 그러나 진정으로 전진적인 것, 추진해가는 것을 사랑하기 시작했습니다"라고 노발리스는 1799년 카롤리네 슐레겔[84]에게 보낸 편지에 쓰고 있다. 이 점에 대해서도 또한, 프리드리히 슐레겔은 가장 극단적인 정식화를 행하고 있다. "참으로 중요한 것은 우리는 최고의 것을 위해 자신의 심정을 그 정도로 전적으로 신뢰하지는 않는다는 점이다."[85]

* *

83. Kircher 43.

84. [옮긴이]카롤리네 슐레겔Karoline Schlegel(1763-1809)은 초기낭만주의의 『아테네움』이나 『문학신문』의 편집에 참여했으며, 낭만주의 중심적 존재로서 많은 문학가들과의 왕복서한을 남기고 있다. 1796년부터 1803년까지 A. W. 슐레겔의 부인이었고 그 후 철학자 셸링과 결혼했다.

85. Jugendschriften II, 361. 이러한 정신적 상태의 가장 주목할 만한 각인들 중 하나는, 포에지 속에서 그 깨어있는 상태의 신뢰해야 할 보증인으로서 존재하고 있는 교훈적인 측면Didaktisch에 대한 프리드리히 슐레겔의 애호이다. 이 각인은 이미 매우 일찍부터 모습을 나타내고 있다 —— 그것은 여기에서 제시된 경향들이 그의 안에 얼마나 굳건하게 뿌리를 내리고 있었는가에 대한 증거이다. "나는 철학적으로 흥미로운 것을 목적으로 하고 있는 이상적 포에지를 교훈적 포에지라고 부른다. …… 가장 탁월하고 가장 잘 알려진 근대시 대부분이 지닌 경향은 철학적인 것이다. 아니 그뿐만 아니라, 근대의 포에지는 이 점에서는 그 방식에서 지고한 것을 달성한 모종의 완성인 것으로 보인다. 교훈적인 부문이 근대적 포에지의 자랑이자 영예이다. 그것은 근대적 포에지가 낳은 가장 독창적인 산물이며, …… 그 근원적인 힘을 숨겨둔 가장 깊은 곳으로부터 산출된 것이다."(Jugendschriften I, 104 f.) 이 습작논문에서의 교훈적 포에지에 대한 이 같은 강조는 바로 슐레겔의 이후의 포에지 이론에서의 소설의 강조의 선구를 이루고 있다. 교훈적인 것은 그 후에도 또한 소설과 나란히 그의 관심에서 멀어지지 않고 있다. "그 목적이 다름 아닌 포에지와 지식 간의 본래 부자연스러운 …… 분리를 다시금 지양하고 매개시키는 데에 있는 그러한 교훈적인 여러 시작품만

|108| 남아 있는 문제는 위의 상론에 근거하여 낭만주의적 예술비평 개념의 해명을 마무리짓는 일이다. 문제가 되는 것은 더 이상 서술되어 있는 이 개념의 방법적인 구조가 아니라 단지 그 궁극적인 내용적 규정이다. 그러한 규정에 관해, 비평의 과제는 작품의 완성에 있다는 점은 이미 서술되었다. 슐레겔은 계몽적 내지 교육적인 목적을 멀리 배척한다. "비평의 목적은 독자를 교화하는 것이다! 라고들 말해진다. —— 교화되려고 하는 자는 그러나 스스로 자신을 교화할 것이다. 자기라는 것은 아무리 해도 잘 변하지 않는 것이다 라고 말하는 것은 무례한 일이다."[86] 이와 꼭 마찬가지로 비평은 이미 증명되었듯이 본질적으로 작품에 대한 판정도 의견의 표명도

  • •

  이 아니라, …… 소설도 또한 우리는 (비교적秘敎인 포에지라는) 이 장르에 포함시킬 것이다."(Kürschner 308) —— "어떠한 시작품도 본래는…… 언어가 지닌 저 넓은 의미에 있어서는, 즉 언어가 어떤 깊고 무한한 의미로의 경향을 나타내는 곳에서는 응당 교훈적인 것이어야 한다."(Jugendschriften Ⅱ, 364). 이에 반해 8년 후에는 다음과 같이 말하고 있다. "그리고 다름 아닌 양자, 즉 소설과 교훈시는 본래 포에지의 자연적인 경계들 외부에 있기 때문에, 그것들은 어떠한 장르도 아니다. 오히려 진정 포에지적인 교훈시나 소설들은 모두 그 자신에 고유한 개성을 이루고 있다."(Kürschner 402). 여기에서 제시되어 있는 것은 교훈적인 것에 관한 슐레겔의 사상형성의 마지막 단계(1808년)이다. 즉 그는 처음에는 교훈적인 것이야말로 근대적 포에지의 특별히 탁월한 하나의 장르라고 표명하였고, 아테네움 시기에는 한층 더 진전하여 이 교훈적 포에지를 소설과 마찬가지로 장르로서 포함시켜 전체 포에지를 그것과 융해시키고자 했다. 그런데 마지막에 그는 포에지의 전통적인 개념을 다시금 회복시키기 위해, (이들 양자를 장르 밑으로 내리누를 뿐, 장르 위로 끌어올리지 않는 가운데) 양자를 완전히 대립시키고 가능한 한 분리시키지 않을 수 없었다. [아울러] 산문적인 창작방법의 보다 높은 의의는 그에게는 여전히 불명확한 채로 남아 있었다.

86. Lyzeum 86.

아니다. 비평은 오히려, 확실히 그 성립에서는 작품에 의해 유발되었지만 그러나 그 존립에서는 작품에 좌우되지 않는 하나의 형성물인 셈이다. 그러한 것으로서 비평은 원리적으로는 작품과 구별될 수 없다. 모든 개념들에서의 종합을 시도하고 있는 아테네움 제116 단편에서는 이렇게 말해진다. "낭만적 포에지는…… 독창성과 비평을…… 융합시키려고 하며 또한 마땅히 그러해야 한다." 『아테네움』의 다른 발언도 또한 이와 동일한 원리에 이르고 있다. "이른바 탐구Recherche란 하나의 역사적 실험이다. 이 탐구의 대상과 결과는 하나의 사실Faktum이다. 사실이어야 하는 것은 엄격한 개성을 가지지 않으면 안 되며, 하나의 비밀임과 동시에 하나의 실험, 즉 형성적 자연의 실험이어야만 한다."[87] 이러한 연관 속에서 새로운 것은 [109] 다만 사실이라는 개념뿐이다. 이 개념은 「포에지에 관한 대화」속에서 재차 발견된다. "참된 예술판정, …… 어떤 작품에 대한 완성되고 철저하게 숙련된 견해는, 이렇게 말해도 좋다면, 항상 하나의 비평적 사실이다. 그러나 그것은 하나의 사실일 뿐이며, 바로 그렇기 때문에 그 사실을 동기지으려고 하는 것은 공허한 작업이다. 동기 그 자체가 하나의 새로운 사실이거나 혹은 첫째 사실의 보다 상세한 규정을 포함하고 있는 것이 아니라면 말이다."[88] 비평은 이 사실이라는 개념을 통해 지극히 엄격하게, —— 단순한 의견으로서의 —— 판정으로부터 구별되지 않으면 안 된다. 비평은 실험과 마찬가지로

* *
87. Athenäum 427. 비평의 의미에서의 '탐구Recherche'라는 표현에 대해서는 —— 이 대목에서 이 표현은 아마도 훨씬 폭넓은 의미를 지닐 것이다 —— 위에서(본서 104쪽) 인용된 아테네움 단편 403을 참조할 것.
88. Jugendschriften Ⅱ, 383.

동기짓는 것을 필요로 하지 않는다. 비평은 사실상 예술작품의 반성을 전개함으로써 그 또한 예술작품에 대한 실험을 수행하는 것이다. 동기로부터 자유로운 판정이라는 것도 물론 불합리한 표현일 것이다. —— 낭만주의적 비평가들의 긍정적인 업적들은 모든 비평이 지닌 최고의 적극성에 관한 이론적 확신에 의해 만들어진 것이었다. 그 업적들이 이끌어내려고 했던 것은 조악함에 대한 게릴라전[89]이 아니라 오히려 선의 완성과 그것을 통한 무의미한 것의 소멸이었다. 결국 비평의 이러한 평가는 그 매체, 즉 산문을 전적으로 적극적으로 평가하는 것에 기인한다. 비평은 모든 포에지적 생산에 대해 객관적인 심급審級으로서 대질됨에 의해 그 정당함을 인정받는 것이지만, 이 정당성은 그것[포에지적 생산]의 산문적 성질 속에 존재한다. 비평이란 작품 각각 속에 있는 산문적 핵심을 석출析出 Darstellung 하는 것이다. 이 경우 '석출Darstellung'이라는 개념은, 화학적 의미에서 다른 여러 과정들이 복속되어 있는 하나의 일정한 과정을 통해서 어떤 원소를 만들어내는 것으로서 이해되고 있다. 슐레겔이 『빌헬름 마이스터』에 대해 이 작품은 "단지 그 자신을 스스로 판정하는 것만이 아니라 그 자신을 스스로 석출하고 있다"[90]고 말할 때, 그는 방금 말한 것을 의미하고 있었다. 산문적인 것은 그것이 지닌 두 가지 의미, 즉 그 본래적인 의미와 그 비본래적인 의미에서 비평을 통해 파악된다. 전자의 의미에서는 비평이 무구속적인 문체로 자신

89. 물론 A. W. 슐레겔은 외적 강제 하에 스스로를 낮추어 그 쪽으로 경도되었던 것이 사실이다.
90. Jugendschriften Ⅱ, 172.

을 표명해내는 그 표현형식을 통해서이고, 후자의 의미에서는 작품의 영원하고 깨어있는 존속을 가능하게 하는 비평의 대상을 통해서이다. 형성물Gebilde인 동시에 과정Prozeß으로서의 이러한 비평은 고전적 작품에 대한 필연적인 기능이다.

초기낭만주의의 예술이론과 괴테

[110] 초기낭만주의자들의 예술이론과 괴테의 예술이론은 그 원리들에서 서로 대립되어 있다.[1] 그럼에도 이 대립을 연구함으로써 예술비평 개념의 역사에 대한 인식은 놀랄 만큼 확대된다. 왜냐하면 이 대립은 동시에 이 역사의 비판적인 단계를 예시하기 때문이다. 즉 낭만주의자들의 비평개념이 괴테의 비평개념에 대해 갖는 문제사적인 연관 속에서 예술비평이 갖는 순수한 문제가 직접적으로 밝혀지기 때문이다. 예술비평이라는 개념 자체는 그러나 예술철학

---

1. 괴테의 예술이론에 대해 몇 마디 언급하겠지만 이 이론을 온전히 파악하기 위해서는 현재의 이 협소한 범위에서는 어떠한 전거도 제시될 수 없다. 이 이론의 해당 구절 및 초기낭만주의자들의 원칙들은 보다 상세한 해석을 필요로 하기 때문이다. 이 해석은 다른 기회에 그것이 요구하는 폭넓은 연관 속에서 주어져야 한다. 본 상론의 일반적인 문제제기에 대해서는, 다소 초점을 벗어나긴 하지만 기대에 부응하는 답변이 실려 있는 로텐E. Rotten의 『괴테의 원현상과 플라톤적 이념』Goethes Urphänomen und die platonische Idee 제8장을 특별히 참조할 수 있다.

의 중심에 명백히 의존해 있다. 이 의존성은 예술작품의 비평가능성이라는 문제 속에서 가장 예리하게 표현된다. 이 비평가능성이 부정되는가 주장되는가는 어디까지나 예술이론의 기초를 이루고 있는 철학적인 근본개념들에 달려 있다. 말하자면 초기낭만주의의 예술철학적 작업 전체는 예술작품의 비평가능성을 원리적으로 증명하려고 했던 것이라고 요약될 수 있으며, 괴테의 예술이론 전체는 작품이 비평 불가능한 것이라는 그의 견해 배후에 놓여 있다. [물론] 괴테는 이 사고방식을 지론처럼 강조하는 것도 아니며, 또한 아예 비평을 쓴 적이 없었던 식으로 비평이라는 것을 부정하고 있는 것도 아니다. 괴테는 작품의 비평이 불가능하다는 이 견해를 개념적으로 상술하는 것에 흥미를 갖지 않았고, 더 나아가 여기서 무엇보다 고찰의 대상이 되는 만년에 있어서도 그는 적지 않은 비평문을 쓴 바 있다. 그러나 이 비평문들 중 많은 것에서, 더욱이 작품에 대해서만이 아니라 자신의 작업에 대해서 모종의 아이러니한 신중한 태도가 발견되며, 그리고 그 어느 경우든 이들 비평문이 의도하는 것은 단지 공공적이고 교육적인 데에 지나지 않았다.

낭만주의자들은 예술을 이념Idee이라는 범주 하에서 파악한다. 이념이란 예술의 무한성과 그 통일성의 표현이다. 왜냐하면 낭만주의적 통일성이란 무한성이기 때문이다. ⅢⅢ낭만주의자들이 예술의 본질에 관해 진술하는 모든 것은 예술의 이념에 대한 규정이자 또한 [이 이념에서의] 형식으로서, 이때의 형식은 예술이 갖는 자기한정과 자기고양의 변증법 속에서 이념에서의 통일성과 무한성 간의 변증법을 나타낸다. 이러한 연관에서 '이념'은 방법의 아 프리오리를 뜻하며, 그 다음 이것에 대응관계에 있는 것이 공속적인 내용의 아 프리오리로서의 이상Ideal이다. [하지만] 예술의 이상을 낭만주의자들이 알고 있는 것은 아니다. 그들은 단지 인륜성이나 종교 같이 포에지적인 절대적 존재를 덮고 있는 것들을 통해서, 이 이상의 가상Schein을 손에 넣고 있을 뿐이다. 프리드리히 슐레겔이 예술의 내용에 대해, 특히 「포에지에 관한 대화」 속에 부여한 모든 규정에는, 형식에 대한 그의 견해와는 달리, 예술이라는 독자적인 것에의 보다 엄밀한 관계가 모두 결여되어 있다. 하물며 그는 저 내용의 아 프리오리를 발견하지도 않았다. 그런데 이러한 내용의 아 프리오리로부터 성과를 올리는 것이 괴테의 예술철학이다. 그의 예술철학의 동기가 되고 있는 것은 예술의 이상에 대한 물음이다. 이 이상도 또한 최고의 개념적 통일, 즉 내용의 통일이다. 이상의 기능은 따라서 이념의 기능과는 완전히 다른 것이다. 이상이란 결코 여러 형식들의 연관을 자신 속에 감추고 또한 자신으로부터 그 연관을 형성하는 하나의 매체가 아니라, 그와는 다른 성질을 지닌 통일이다. 이상이 파악될 수 있는 것은, 이상이 그 속에로 분해되는 순수 내용들의 한정된 다수성 내에서일 뿐이다. 따라서 여러 순수 내용들의 어떤 한정되고 조화로운 불연속체 속에서 이 이상이 스스로를 표명한다. 이러한 견해에서 괴테는 그리스인과 서로 일맥상통한다. 아폴론의 숭고함 하에 있는 [시신詩神] 뮤즈[2]의 이념은, 예술철학의 관점에서 해석한다면, 모든 예술의 순수 내용들의 이념이다. 그리스인은 이러한 내용들을 아홉 가지로 열거했지만 물론 그 종류나 수가 임의로

* *
2. [옮긴이]그리스 신화에서 시, 음악, 미술, 문학 등을 주관하는 아홉 여신. 모두 제우스의 딸들로서, 음악과 시의 신인 아폴론을 수행했다.

규정되었던 것은 아니었다. 순수 내용들의 총체, 예술의 이상은 따라서 뮤즈적인 것이라고 불릴 수 있다. 이상의 내적 구조가 이념과는 반대로 변하기 쉬운 것이듯이, 이 이상과 예술의 연관도 또한 어떤 매체 속에 이미 주어져 있는 것이 아니라 어떤 굴절을 통해 특징지어져 있다. 순수 내용들 자체는 어떠한 작품 속에서도 발견될 수 없다. 괴테는 그것을 원상들原像 Urbilder이라고 부른다. 이 원상들을 지키는 여성들을 그리스인은 뮤즈라는 이름 하에 알고 있었던 것이지만, 그러나 작품들은 눈에 보이지 않는—— 그러나 직관할 수는 있는—— 저 원상에 도달할 수 없다. 작품들은 정도의 차이에 있어서만 이 원상과 닮을 수 있을 뿐이다. |112|작품과 원상의 관계를 규정하는 이 '닮음'은 위험한 유물론적인 오해로부터 지켜지지 않으면 안 된다. 그것은 원리적으로 상등성相等性에 이를 수 있는 것이 아니며 또한 그것은 모방에 의해 도달될 수 있는 것도 아니다. 왜냐하면 원상은 눈에 보이지 않는 것이고, '닮음'이란 다름 아닌 지각가능한 최고의 것과 원리적으로 단지 직관 가능한 것 간의 연관을 나타내고 있기 때문이다. 이 경우 직관의 대상이란 감정 속에서 자신의 순수함을 알리는 내용이 완전히 지각가능하게 되는 필연성이다. 이 필연성을 인지하는 것이 직관[작용]이다. 직관의 대상으로서의 예술의 이상은 따라서 필연적인 지각가능성인바, 그러나 이 필연적인 지각가능성은 그 자체 지각의 대상으로 머무르는 예술작품 자체 속에서는 결코 순수하게 나타나지 않는 것이다. —— 괴테에게 그리스인의 작품들은 모든 작품들 가운데서 저 원상에 가장 근접한 작품들이었다. 그 작품들은 그에게는 말하자면 상대적인 원상들, 즉 전형들Vorbilder이 되었다. 고대인의 작품들로서의 이 전형들은

원상 자체와 이중적 의미에서 유사하다. 그것은 원상처럼 말의 이중적 의미에서 완성되어 있다. 즉 그것은 완전하며 또한 성취되어 있다. 왜냐하면 오로지 완전히 완결되어 있는 형성물만이 원상일 수 있기 때문이다. 괴테의 견해에 따르면 예술의 원천은 영원한 생성 속에도 또 여러 형식들의 매체 내에서의 창조적 운동 속에도 존재하지 않는다. 예술 자체는 예술의 원상들을 창조하지 않는다 ── 원상들은 모든 창조된 작품들보다 앞서 있고, 그야말로 예술이 창조가 아니라 자연인 바의 그러한 영역 속에 근거하고 있다. 자연의 이념을 파악하여 그것에 의해 예술의 원상(순수내용)에 유용함을 얻는 것, 이것이 결국은 원^原현상들Urphänomene의 탐구에서 괴테가 심혈을 기울인 점이었다. 따라서 오로지 예술작품의 내용으로서 이해되는 것은 자연에의 충실함이 아니라 자연 자체라고 할 경우, 예술작품은 자연을 모사한다는 명제는 한층 깊은 의미에서 옳다고 할 수 있다. 이로부터 귀결되는 것은 내용의 상관개념, 즉 [작품 속에] 표현된 것(즉 [표현된] 자연)은 내용 [자체]와는 비교될 수 없다는 사실이다. '표현된 것'이라는 개념에는 이중의 의미가 있다. 이 개념은 이 경우 '표현'이라는 의미를 갖지 않는데, 왜냐하면 '표현'은 확실히 내용과 동일한 것이기 때문이다. 이에 덧붙여, 이 경우에서는 참된 자연이라는 개념을 ── 위에서 직관에 대해 말했던 바와 연관하여 ── 원상이나 원현상 또는 이상이라는 영역과 즉각 동일한 것으로서 파악하고 있는 것으로, [113]학문의 대상으로서의 자연이라는 개념은 아예 염두에 두고 있지 않다. 하지만 아주 단순하게 자연의 개념을 전적으로 예술이론의 한 개념으로서만 규정할 수는 없다. 오히려 학문에게 자연이 어떻게 나타나는가라는 문제가 긴급한 사안인 것이며, 이에 대한 해답으로서는 직관의 개념은 어쩌면 아무런 성과도 거두지 못할 것이다. 왜냐하면 이 개념은 어디까지나 예술이론의 내부에 머물러 있기 때문이다. (여기[예술이론의 내부]는 작품과 원상 사이의 관계가 다루어지기에 적합한 곳일 뿐이다). [그런데] 표현된 것이란 작품 내에서만 눈으로 볼 수 있는 것일 뿐, 작품의 외부에서는 단지 직관되는 데 지나지 않는다. 예술작품이 갖는 자연에 충실한 내용이라는 것은 자연이 내용을 가늠하는 척도라는 것을 전제로 하기 마련이다. 그러나 이때 이 내용 자체는 눈으로 볼 수 있는 자연이어야 할 것이다. 괴테는, 저 위대한 그리스의 거장이 그려놓은 포도송이에 참새들이 날아들었다는 옛 일화의 숭고한 역설을 떠올린다. 그리스인들은 자연주의자들이 아니었고, 더욱이 저 이야기가 전하고 있는 자연에의 극단적인 충실함은 작품의 내용 자체로서의 참된 자연에 대한 그럴듯한 개작에 불과한 것으로 보인다. 이제 여기에서는, 모든 것은 '참된 자연'이라는 개념이 보다 면밀하게 정의될 수 있는가에 달려 있을 것이다. 왜냐하면 예술작품의 내용을 이룬다는 이 '참된' 가시적인 자연은 단지 이 세계의 현상하고 있는 가시적인 자연과는 즉각 동일시되지 않을 뿐만 아니라 오히려 우선적으로 그러한 [후자의] 자연으로부터 엄격하게 개념적으로 구별되어야만 하며, 그런 다음에야 물론 예술작품에서의 '참된' 가시적인 자연과 가시적인 자연의 현상들 속에 현전하고 있는 (아마도 눈으로는 볼 수 없고 단지 직관할 수만 있는 원현상적인) 자연 간의 보다 깊은 본질적인 동일성의 문제가 제시될 것이기 때문이다. 그리고 이 문제는 가능적이고 역설적인 방식으로 다음과 같이 해결될 것이다. 즉 이 세계의 자연에서가 아니라 단지 예술에 있어서만, 참되고 직관할 수 있고 원현상적인 자연이 모사적으로 가시화되는 반면, 그러한 [원현상적인] 자연은 이 세계의 자연 속에 현전하고 있기는 하지만 (현상에 의해 은폐되어) 숨어 있으리라고 하는 그러한 방식으로 해결될 것이다.

이러한 견해와 더불어 그러나 다음과 같은 점이 정립된다. 즉 사람들은 예술 속에서 괴테처럼 하나의 새로운 시신적詩神的인 규준을 찾기 때문에, 예술의 순수 내용을 이제 시신적인 것이라고 부르든 또는 자연이라고 부르든 간에 개개의 작품들은 모두 예술의 이상에 대해 말하자면 우연히 성립하는 것이라는 사실이다. 왜냐하면 저 이상이란 만들어지는 것이 아니라 |114| 오히려 그 인식론적인 규정에 따르면 플라톤이 말하는 의미에서의 이념인 것이며, 또한 그 영역 속에서는 통일성과 그리고 시초始作 없음, 예술에서의 엘레아적인 휴식의 측면이 결정적이기 때문이다. 분명 개개의 작품들은 원상들에 관여하고 있긴 하지만, 그러나 —— [낭만주의자들이 말하는] 예술이라는 매체 속에서는 절대적 형식으로부터 개개의 작품에로의 이행이 존립하고 있는 반면 —— 이 원상의 영역으로부터 작품에로의 이행은 존재하지 않는다. 이상과의 관계에서 볼 때 개개의 작품들은 말하자면 토르소 같은 것으로 머문다.[3] 개개의 작품들은 원상을 제시하려고 하는 각각의 노력으로서, 오직 전형으로서만 다른 동류의 것들과 함께 지속할 수는 있되 그러나 결코 그것들이 하나가 되어 이상 자체의 통일에로 활력 넘치는 성장을 이룰 수는

. .
3. 낭만주의적 형식으로서의 단편처럼, 개개의 작품들은 오직 이러한 예술관 내에서만 이해될 수 있고 또 거기에 속해 있는 그 자신만의 형식이다.

없다.

작품들이 무제약적인 것과 맺는 관계 그리고 작품들 상호 간의 관계에 대해 괴테는 자신의 사고를 진전시키는 것을 포기하고 있었다. 하지만 낭만주의적인 사유에서는 모두가 이러한 방식의 해결에 반기를 들었다. 예술은 낭만주의가 제약된 것과 무제약적인 것의 직접적인 화해를 가장 순수하게 수행하려고 노력한 영역이었다. 프리드리히 슐레겔은 물론 그 초기에는 아직 괴테의 사고방식과 가까운 곳에 서 있었고, 또한 그가 그리스 예술을 다음과 같이 특징 지을 때 그것은 괴테의 견해를 매우 간결하게 정식화한 것이었다. 즉 그리스 예술은 "그 특수한 역사가 예술의 보편적인 자연사라고도 할 수 있을" 것이다. 더 나아가 바로 뒤이어 말하길, "…… 사상가는 어떤 완전한 직관을 필요로 한다. 때로는 그의 개념의 실례 및 전거로서, 때로는 그의 탐구의 사실 및 기록으로서. …… 순수한 법칙은 공허하다. 그 법칙이 내용적으로 충족되기 위해서는…… 최고의 미적 원상이 필요하며, …… 저 원상의 합법칙성을 자기 것으로 삼은 사람의 행위에서는 모방 이외의 어떠한 말도 필요하지 않다."[4] 그러나 슐레겔이 자기 자신에로 돌아감에 따라 이러한 해결을 스스로 금지한 이유는 이러한 해결은 결국 개개 작품의 지극히 제약된 평가로 이르기 때문이었다. 형성과정에 있던 자신의 입장을 결정하고자 노력하고 있는 동일 논문에서, 그는 필연성, 무한성, 이념을 실제로는 모사, 완전성, 이상과 대립시키고 있다. 그리고

· ·

4. Jugendschriften I, 123 f. 또한 Briefwechsel 83도 참조할 것. —— 여기에서도 슐레겔은 모방의 개념으로 근원적 사고를 덮어씌우고 있다.

그는 다음과 같이 말한다. "인간의 목적은 때로는 무한하고 필연적이지만, 또 때로는 |115|제한되어 있고 우연적이다. 예술은 따라서…… 자유로운 이념예술이다."[5] 더 나아가 세기가 바뀌는 1800년경에는, 예술에 대해 한층 단호하게 다음과 같이 표명하고 있다. "인간 정신의 이 영역에 있어서는 각 부분은 동시에 전체이기를 바라고 있다. 만일 이 바람이, …… 궤변가들이 우리를 그렇게 믿게끔 하려는 것처럼, 실제로는 달성될 수 없는 것이라면, 우리는 차라리 즉각 포에지의 무의미하고 잘못된 출발을 포기하는 편이 나을 것이다."[6] —— "모든 시, 모든 작품은 응당 전체를 의미해야 하고, 그것도 진정 실제로 전체를 의미해야 하며, 그 의미하는 것에 의해…… 또한 정말 실제로 존재해야 한다."[7] 작품의 우연성, 작품의 토르소적인 성격을 지양하는 것이야말로 프리드리히 슐레겔이 그 형식개념에서 지향하는 점이다. 이상ldeal에 대해서는 토르소는 하나의 합법칙적인 모습이지만, 형식들의 매체 속에서는 토르소는 어떠한 장소도 갖지 않는다. 예술작품은 토르소여서는 안 되며, 그것은 생동적인 선험론적 형식 내에서의 유동적이고 가변적인 계기여야만 한다. 예술작품은 그 형식 속에 스스로를 제한함에 의해 우연적인 모습으로는 자기를 덧없는 것으로 보이게 하지만, 그 가변적인 모습 속에서 그러나 비평을 통해 자신을 영원한 것으로 만든다.[8]

• •

5. Jugendschriften I, 104. '자유로운 이념예술'에 대해서는 또한 Jugendschriften Ⅱ, 361도 참조할 것.

6. Jugendschriften Ⅱ, 427.

7. Jugendschriften Ⅱ, 428.

낭만주의자들은 예술작품의 합법칙성을 절대적 합법칙성으로 만들고자 했다. 그러나 우연적인 것이라는 계기는 작품의 해소에 의해서만 해결될 수 있거나 혹은 오히려 합법칙적인 것에로 전환될 수도 있다. 그러므로 그들은 수미일관하게 그리스 작품들의 규범적인 타당성에 관한 괴테의 학설에 대해 근본적인 공격을 하지 않으면 안 되었다. 그들은 전형, 자립적으로 그 자신내에 완결된 |116| 작품, 결정적으로 각인되어 영원한 전진으로부터 면제된 형성물이라는 것을 인정할 수 없었다. 가장 불손하고도 또 가장 재기발랄하게 괴테에 거역했던 것은 노발리스였다. "자연과 자연 통찰은 고대와 고대 인식이 그러하듯 동시에 성립하는 것이다.[9] 왜냐하면 만일 사람들이 고전시대의 예술작품이 존재하고 있다고 믿는다면, 그것은 매우 그릇된 생각이기 때문이다. 이제 비로소 고대는 성립하기 시작하는 것이다. …… 고전문학의 경우도 고대와 마찬가지이다. 그것은 원래 우리에게 주어져 있는 것이 아니다. —— 그것은 현존하고 있는

• •
8. 개개 작품이 지닌 우연적인 측면, 토로소적인 면과 관련하여, 작시법의 여러 규칙 및 기술이 주어져 있다. 괴테는 부분적으로는 그것들을 상당히 고려하면서 예술장르의 법칙들을 연구하고 있었다. 낭만주의자들도 또한 그것을 탐구했지만 그러나 그것은 그러한 예술장르를 고정하기 위해서가 아니라 작품이 그 속으로 비판적으로 해소될 수 있는 그러한 매체, 즉 절대적인 것을 발견하려고 하는 의도에서였다. 낭만주의자들의 그러한 시도는 생명체가 생명에 대해 갖는 관계를 탐구하는 데 적합한 형태학상의 연구와 유사한 것이었다. 이에 비해, 규범적인 작시법의 지식은 직접적으로 생명을 대상으로 하기보다는 개개 유기체의 고정된 구조를 대상으로 하는 해부학적인 지식에 비교될 수 있다. 예술장르의 탐구는 낭만주의자들의 경우에는 예술에만 관련되는 데 반해, 괴테의 경우에는 그 외에도 또한 개개 작품 및 그 작성에 관해 규범이 되는 교육적인 경향들을 추적하고 있다.
9. 본서 제1부 Ⅳ장을 참조할 것.

것이 아니라 —— 우리에 의해 비로소 산출되어야 하는 것이다. 고대인에 대한 부지런하고 재기 넘치는 연구에 의해, 고전문학이 우리에게 싹튼다 —— 이것은 고대인들 자신은 가지고 있지 않았던 것이다."[10] —— "고대라든가 또는 완성된 무엇이 이미 만들어져 있는 것이라면 너무 철석같이 믿지 말라. 만들어졌다고 하더라도 우리가 그렇게 칭하고 있는 것일 뿐이다. 그것은 마치 연인들이 밤중에 서로 미리 짜둔 신호에 의해 만들어지듯이, 또는 불꽃이 도체導體에 닿는 것에 의해 혹은 별이 눈 안의 움직임에 의해 만들어지듯이 그렇게 만들어진다."[11] 즉 그것은 하나의 창조적인 정신이 그것을 인식하는 곳에서만 성립하는 것으로, 이는 결코 괴테적인 의미에서의 사실Faktum이 아니다. 또한 다른 곳에서도 동일한 주장이 이루어지고 있다. "고대의 예술작품은 미래의 산물임과 동시에 태고의 산물이기도 하다."[12] 이것에 곧바로 뒤이어, "중심적인 고대라든가 고대의 예술작품의 보편적인 정신이라는 것은 존재하는 것일까?" 이 물음은 고대의 포에지가 지닌 작품으로서의 통일에 대한 슐레겔의 테제와 서로 상통한다. 그리고 이 두 측면은 반反고전주의적으로 이해되어야 한다. —— 고대의 작품이 그러하듯이, 슐레겔에게는 고대의 장르들도 또한 서로 용해되지 않으면 안 된다. "만일 장르들이 엄밀하고 날카롭게 고립되어 있지 않았을 때에는, 개체가 그 장르의 이상을 표현한 것도 무익한 일이었다. 그러나 자기 자신을 자유의지

• •
10. Schriften 69 f.
11. Schriften 563.
12. Schriften 491.

대로, 즉 어떤 때는 이 영역으로 또 어떤 때는 저 영역에로 옮기는 것이 가능한 것은, …… 인물들의 체계 전체를 자기 속에 포함하는 그리고 자신의 내부에 우주가…… 성숙되어 있는 그러한 정신뿐이다."[13] 따라서 "엄격한 순수성 가운데 있는 모든 고전적인 문학장르들은 지금에 와서는 우스꽝스러운 것이다."[14] 그리하여 결국, "사람들은 어느 누구한테도 |117|고대인들을 고전적이라든가 혹은 낡은 것으로 간주하도록 강제할 수는 없다. 그것은 종국에는 여러 격률에 달려있는 것이다."[15]

낭만주의자들은 예술작품들이 예술과 맺는 관계를 전체성 내에서의 무한성으로서 규정한다. 즉 작품들의 전체성 속에서 예술의 무한성이 실현된다. 괴테는 그것을 다수성에서의 통일로서 규정한다. 즉 작품들의 다수성에서 예술의 통일이 거듭 발견된다는 것이다. 저 무한성이란 순수한 형식의 무한성이고, 이 통일이란 순수한 내용의 통일이다.[16] 괴테의 예술이론과 낭만주의 예술이론의 관계라는

- -
13. Athenäum 121.

14. Lyzeum 60.

15. Athenäum 143

16. 여기에서는 물론 '순수한'이라는 용어에는 혼동되기 쉬운 다의적인 측면이 있다. 즉 그것은 첫째로 ('순수이성'에서와 같은) 어떤 개념의 방법적인 위엄을 나타내고, 다음으로는 내용적으로 적극적인, 윤리적이라고도 말할 수 있는 색채를 띤 의미를 가질 수 있다. 이 양 의미는 위에서 말한 시신적詩神的인 것으로서의 '순수한 내용'이라는 개념 속에 언급되어 있다. 반면 절대적 형식이란 단지 방법적인 의미에서만 순수한 것이라고 불려야 한다. 왜냐하면 절대적 형식의 즉물적인 규정은 —— 그것은 내용의 순수성과도 상응한다 —— 아마도 엄격할 것이기 때문이다. 낭만주의자들은 이 점을 자신들의 소설론 속에 —— 여기에서는 완전히 순수하되 엄격하지는 않은 형식이 절대적 형식으로 높여져 있다(본서 158쪽 이하 참조) —— 명확하게는 표명하지 않았다. 이 점도 또한, 낭만주의

문제는 따라서 순수한 내용이 순수한 (그리고 그 자체 엄격한) 형식과 맺는 관계 문제와 일치한다. 개개 작품에 직면해 자주 오도된 방향으로 제출되어 왔으며 또한 거기에서는 결코 엄밀하게는 해결될 수 없는, 형식과 내용의 관계라는 문제는 그러한 영역 속으로 높여져야 하는 문제이다. 왜냐하면 이 형식과 내용은 경험적인 형성물에서의 기체基體가 아니라 예술철학의 필연적인 순수한 구별들에 기초를 두고 행해지는, 형성물에서의 상대적인 구별들이기 때문이다. 예술의 이념이란 예술의 형식의 이념이다. 그것은 예술의 이상이 예술의 내용의 이상인 것과 동일하다. 예술철학의 체계적인 근본 문제는 따라서 예술의 이념과 예술의 이상의 관계라는 문제로서 정식화될 수 있다. 이 문제의 문턱을 본 연구는 넘어갈 수 없다. 본 연구는 단지 하나의 문제사적인 연관을, 그것이 체계적인 연관을 충분히 명확하게 예시하는 데까지 상술할 수 있을 뿐이다. 괴테와 초기낭만주의자들의 이론 속에 나타나 있는 1800년경의 독일 예술철학의 이 입장은 오늘날에도 여전히 정당한 것이다. 낭만주의자들도 괴테와 마찬가지로 이 문제를 해결하지 않았으며, 아니 단지 문제를 제시했을 뿐이다. 양자는 이 문제를 |118|문제사적인 사유 앞에 자리 잡도록 하기 위해서 협력하고 있다. 오로지 체계적인 사유만이 이 문제를 해결할 수 있다. —— 낭만주의자들은 이미 강조했듯이 예술의 이상을 파악할 수 없었다. 여기에서 더 나아가 말해 두지 않으면 안 되는 것은 형식의 문제에 대한 괴테의 해결은 철학적인 영향권에 비추어 예술의 내용에 대한 그의 규정에까지는 미치지

자들보다는 횔덜린 쪽이 탁월해 있었던 하나의 사상권역이었던 셈이다.

않았다는 점이다. 괴테는 예술형식을 양식^{Stil}으로 해석한다. 그러나 괴테가 양식 속에서 예술작품의 형식의 원리를 보았던 것은, 단지 그가 다소간 역사적으로 한정된 양식, 즉 유형화하는 작법의 제시에 주목하는 것에 의해서였다. 조형예술의 양식을 대표한 것은 그리스 인들이었으며, 포에지를 위해서는 괴테 자신이 양식의 전형을 확립 하려고 노력했다. 그러나 작품의 내용이 원상이라고 해서, 유형이 작품의 형식을 규정할 필요는 전혀 없는 것이다. 따라서 괴테는 양식개념 속에 형식의 문제에 관한 철학적인 해명을 부여한 것이 아니라 모종의 전형의 표준적인 것을 지시했던 셈이다. 그리하여 괴테에게 예술의 내용 문제의 깊이를 열어준 그 지향은, 형식의 문제 앞에서는 어떤 고상한 자연주의의 원천이 되었다. 형식과 대조 를 이루는 것으로서의 원상이나 자연은 스스로를 명시하는 것에 의해, 자연 그 자체는 그렇게는 될 수 없었으므로, 말하자면 예술적 자연이라는 것은 형식의 원상이 —— 왜냐하면 이는 여기에서 말하 는 의미에서의 양식에 다름 아니기 때문이다 —— 되어야만 했다. 이 점을 매우 날카롭게 간파하고 있었던 것이 노발리스였다. 그는 이것을 괴테적이라고 칭하면서 거부하고 있다. [괴테식으로 이해한 다면] "고대의 예술작품은 다른 세계에서 온 것이다. 그것은 하늘로 부터 떨어진 것과 같은 것이다."^{17} 그는 이러한 말로써 실제로 괴테 가 양식 속에서 원상으로서 소개하고 있는 이러한 예술적 자연의 본질을 특징짓고 있다. 원상의 개념은 그러나, 그것이 형식의 문제 의 해결로서 생각되지 않으면 안 되게 되자마자, 그 문제에 있어서

· ·
17. Schriften 491.

의미를 잃는다. 예술의 문제를 그 전 범위에 걸쳐, 즉 형식과 내용에 따라서 원상의 개념에 의해 명확하게 규정하는 것은 철학에서의 가장 심오한 문제들을 때로는 신화적인 해결이라는 모습으로 제출해온 고대 사상가들의 특권이다. 결국 괴테의 양식이라는 개념 또한 하나의 신화를 이야기하고 있다. 이 신화에 대한 반박은 이 개념 속에서 지배하고 있는 서술형식과 절대적 형식의 무차별이라는 점을 근거로 해서 제기될 수 있을 것이다. 왜냐하면 절대적 형식에 대한 문제인 앞서 살펴본 형식 문제로부터는, 서술형식에 대한 문제는 여전히 구별되어야 하는 것으로서 남아 있기 때문이다. 여하간 [119] 서술형식은 괴테의 경우 초기낭만주의자들의 경우와는 전적으로 다른 의미를 띠고 있음은 거의 강조할 필요가 없다. 괴테에서의 서술형식이란 내용 속에서 현상하는, 미를 정초하고 있는 척도이다. 척도의 개념은 내용의 어떠한 아 프리오리에도, 예술에서의 어떠한 측량 가능한 것에도 주의를 기울이지 않은 낭만주의에게 있어서는, 멀리 떨어져 있는 개념이다. 낭만주의는 미의 개념과 함께, 단지 규칙만이 아니라 척도 또한 배척한다. 그러면서도 무규칙적인 것도 무척도인 것도 아닌 것이 낭만주의의 문학이다.

괴테의 예술이론은 단지 절대적 형식의 문제만이 아니라 비평의 문제도 미해결인 채로 방치한다. 그리고 괴테의 예술이론은 전자의 문제를 베일에 싸인 형태로 승인하며, 이 문제의 크기를 표현하는 것을 그 사명으로 삼고 있는 데 반해, 후자의 비평의 문제는 거부하고 있는 것으로 보인다. 예술작품의 비평은 실제로 괴테의 궁극적인 지향에 따르면 가능하지도 않고 필연적인 것도 아니다. 어쨌든, 뛰어난 것을 지적하고 조악한 것에 경고를 보내는 것은 필요할지 모르며, 작품에 대한 필증적인 판단은 원상을 직관할 수 있는 예술가에게는 가능한 일이다. 그러나 비평가능성을 예술작품에서의 본질적인 한 요소로서 승인하는 것을 괴테는 거부한다. 방법적인, 즉 본질적으로 필연적인 비평은 괴테의 입장에서 보자면 불가능하다. 낭만주의의 예술에서는 그러나 비평은 단지 가능하거나 필연적인 것만이 아니라, 그 이론 속에서 비평을 작품보다 높게 평가한다는 역설이 불가피하게 존재한다. 낭만주의자들은 실제로 자신들의 비평에서, 시인이 비평가보다도 우위를 갖는다는 의식을 갖지 않는다. 그들은 비평과 형식 둘 다에서 최대의 공적을 거두었지만, 이 양자 모두의 완성이야말로 그들의 이론에서의 가장 깊은 경향이 되어 있다. 때문에 그들은 이 점에서, 행동과 사상에서의 합의점에 완전히 도달한 것이며, 바로 그들이 가장 가치 있는 것이라고 확신하고 있었던 바를 성취했던 것이다. 특히 프리드리히 슐레겔의 경우에 때때로 말해지고 있는 문학적 생산성의 결여는 엄밀한 의미에서 그에게는 전혀 들어맞지 않는다. 왜냐하면 그는 우선 작품창조자라는 의미에서의 시인이고자 하지는 않았기 때문이다. 창조된 작품의 절대화, 즉 비평적인 처리과정이 그에게는 최고의 일이었다. 그것은 하나의 이미지로 구체화되어 작품 속에서 눈부신 광휘를 만들어낸다. 이 눈부신 광휘 —— 저 깨어있는 빛 ——가 작품들의 다수성을 소멸시킨다. 이 빛이 이념이다.

인용된 논저 목록

일차문헌[1]

- Johann Gottlieb Fichte: *Sämmtliche Werke*. Herausgegeben von I. H. Fichte. 9 Bde. in 3 Abt. Berlin 1845-1846. 'Fichte'로 약칭함(논의의 대상이 되는 것은 항상 제1권임).
- Friedrich Schlegel: *1794-1802. Seine prosaischen Jugendschriften*. Herausgegeben von J. Minor. 2 Bde. Wien 1906 (2. ((Titel-))Auflage). 'Jugendschriften'으로 약칭함(그러나 이 책에 수록된 단편집들인 뤼체움Lyzeum, 아

---

1. 낭만주의자들은 자신들의 단편들 하나하나에 몇 가지 사고들을 짜 넣는 일이 다반사이기 때문에, 명확한 서술이라는 관심사에서 보자면 현재 논의 중인 사고 맥락에서 다소 벗어나는 함의들은 인용을 하면서 더러 고려되지 않고 넘어갈 수밖에 없다. 그러나 본서에서 이처럼 누락된 함의들에 의해 해당 단편의 의미가 변화되지 않도록 미리 주의되고 있음은 물론이다.

테네움Athenäum, 이념들Ideen 내의 특정 단편이 인용될 때에는 'Lyzeum', 'Athenäum', 'Ideen'이라는 제목 및 [단편의] 일련번호를 병기하기로 한다).

- Friedrich Schlegel: *Philosophische Vorlesungen aus den Jahren 1804 bis 1806.* Nebst Fragmenten vorzüglich philosophisch-theologischen Inhalts. Herausgegeben von C. J. H. Windischmann. Supplemente zu Fried, v. Schlegel's sämmtlichen Werken. 4 Teile in 2 Bdn. Bonn 1846(2. Ausgabe). 'Vorlesungen'으로 약칭함(논의의 대상은 항상 제2권임).
- Friedrich Schlegel: *Lucinde. Ein Roman.* Universal-Bibliothek. 320. Leipzig o.J. 'Lucinde'로 약칭함.
- *August Wilhelm und Friedrich Schlegel.* In Auswahl herausgegeben von Oskar F. Walzel. Stuttgart (Deutsche National-Litteratur. Herausgegeben von Joseph Kürschner. Bd. 143). 'Kürschner'로 약칭함.
- *Friedrich Schlegels Briefe an seinen Bruder August Wilhelm.* Herausgegeben von Oskar F. Walzel. Berlin 1890. 'Briefe'로 약칭함.
- Novalis: *Schriften.* Kritische Neuausgabe auf Grund des 'handschriftlichen Nachlasses von Ernst Heilborn.[2] 2 Bde. Berlin 1901. 'Schriften'으로 약칭함(논의의 대상은 제2권임).
- Novalis: *Briefwechsel mit Friedrich und August Wilhelm, Charlotte und*

2. 미노르Minor가 편집한 노발리스 저작집 판본(Novalis: *Schriften.* herausgegeben von J. Minor. 4 Bde. Jena 1907)은 현재 절판중이라 재출간되기까지는 입수하기가 곤란하다. 나중에야 판단한 것이지만 이 판본을 온전히 인용하는 일은 유감스럽게도 어려운 것으로 판명되었다. 하지만 슐레겔의 몇몇 단편들에 대한 전거로는 위의 하일보른Heilborn의 판본이 아니라 미노르 판본이 사용되기도 하였다.

Caroline Schlegel. Herausgegeben von J. M. Raich. Mainz 1880. 'Briefwechsel'로 약칭함.

- Novalis: *Aus Schleiermacher's Leben. In Briefen*. Zum Druck vorbereitet von Ludwig Jonas, nach dessen Tode herausgegeben von Wilhelm Dilthey. 4 Bde. Berlin 1858-1863. 책명 그대로 표기함.

- Wilhelm Dilthey: *Leben Schleiermachers*. Bd. 1. Dabei: Denkmale der innern Entwicklung Schleiermachers. Berlin 1870. 책명 그대로 표기함.

- Caroline. *Briefe an ihre Geschwister, ihre Tochter Auguste, die Familie Gotter, F.L.W. Meyer, A.W. und Fr. Schlegel, J. Schelling u.a. nebst Briefen von A.W. und Fr. Schlegel u.a.* Herausgegeben von G. Waitz. 2 Bde. Leipzig 1871. 책명 그대로 표기함.

- Goethe: *Werke*. Herausgegeben im Auftrage der Großherzogin Sophie von Sachsen. 4 Abt. Weimar 1887-1914. 'WA'로 약칭함.

- Hölderlin: *Sämtliche Werke*. Historisch-kritische Ausgabe. Unter Mitarbeit von Friedrich Seebaß besorgt durch Norbert v. Hellingrath. 6 Bde.(본서를 쓸 당시까지는 총 3권이 출간됨). München, Leipzig 1913-1916. 'Hölderlin' 으로 약칭함.

- Hölderlin: *Untreue der Weisheit*. Ungedruckte Handschrift aus den Sammlungen auf Stift Neuburg. In: »Das Reich«. Vierteljahresschrift. 1. Jahrgang, München 1916 (einziger Druck), 책명 그대로 표기함.

저자별 인용 문헌

- Siegbert Elkuß: *Zur Beurteilung der Romantik und zur Kritik ihrer Erforschung.* Herausgegeben von Franz Schultz. München, Berlin 1918. (Historische Bibliothek. Bd. 39).

- Carl Enders: *Friedrich Schlegel. Die Quellen seines Wesens und Werdens.* Leipzig 1913.

- R. Haym: *Die Romantische Schule. Ein Beitrag zur Geschichte des deutschen Geistes.* Berlin 1870.

- Ricarda Huch: *Blüthezeit der Romantik.* Leipzig 1901(2., unveränderte Ausgabe).

- Erwin Kircher: *Philosophie der Romantik.* Aus dem Nachlaß herausgegeben. Jena 1906.

- Paul Lerch: *Friedrich Schlegels philosophische Anschauungen in ihrer Entwicklung und systematischen Ausgestaltung.* Berlin 1905, Erlanger Diss.

- Frieda Margolin: *Die Theorie des Romans in der Frühromantik.* Stuttgart 1909, Berner Diss.

- Charlotte Pingoud: *Grundlinien der ästhetischen Doktrin Fr. Schlegels.* Stuttgart 1914, Münchener Diss.

- Max Pulver: *Romantische Ironie und romantische Komödie.* St. Gallen 1912, Freiburger Diss.

- Elisabeth Rotten: *Goethes Urphänomen und die platonische Idee.* Gießen 1913. (Philosophische Arbeiten herausgegeben von Hermann Cohen und Paul Natorp. Bd. 8, I. Heft.)

- Heinrich Simon: *Die theoretischen Grundlagen des magischen Idealismus von Novalis.* Heidelberg 1905, Freiburger Diss.
- Wilhelm Windelband: *Die Geschichte der neueren Philosophie in ihrem Zusammenhange mit der allgemeinen Kultur und den besonderen Wissenschaften.* Bd. 2: Die Blütezeit der deutschen Philosophie. Von Kant bis Hegel und Herbart. Leipzig 1911(5. Auflage).

옮긴이 해제

이 책은 발터 벤야민Walter Benjamin(1892-1940)이 1919년 베른대
학교에 제출한 박사학위논문 「독일 낭만주의의 예술비평 개념」*Der
Begriff der Kunstkritik in der deutschen Romantik*의 완역이다. 그의
나이 28살 때 쓰여진 이 논문은 그 이듬해 정식 출간(A. Francke
출판사, 스위스 베른, 1920)되었으며, 그의 사후 한 세대가 지나 간행
된 총 12권의 '발터 벤야민 전집Gesammelte Schriften'(Suhrkamp, 프
랑크푸르트, 1972-77)에 의해 비로소 널리 알려지기 시작했다. 본서
는 이 전집 제1권에 실려 있는 텍스트를 번역의 주된 저본으로 삼았
다. 한편 새로이 간행중인 '벤야민 비평본 전집Werke und Nachlaß.
Kritische Gesamtausgabe'의 제3권 『독일 낭만주의의 예술비평 개념』
또한 부분적으로 참조했다.

*

본서는 독일 초기낭만주의자들이 일컫는 '예술' 및 '예술비평'이
라는 개념이 어떠한 사상적 연원에서 출발하고 또 어떠한 근본특성
을 띠고 있는지를 규명한 것으로, 형식상으로는 학위논문의 학술적
성격을 띠고 있지만 동시에 벤야민의 이후 사상 및 비평 전체의
가늠자 구실을 한다. 베른에서의 5년 동안의 생활 뒤에 고향 베를린
으로 돌아와서 집필한 「괴테의 친화력」(1921-22)은 다름 아닌 이
논문의 비평 정신을 괴테의 소설 『친화력』에 실제 응용한 비평문이
라 할 수 있으며, 1930년 전후 본격적으로 이루어진 벤야민의 문예
비평과 저술들 역시 이 논문의 주요모티프와 방법론에 많은 부분
의거하고 있기 때문이다.

벤야민은 이 책에서 초기낭만주의자들, 특히 프리드리히 슐레겔
과 노발리스가 말하는 '예술'을 '절대적인 반성매체'라는 말로 풀이
한다. 그에 따르면, "방법적으로는 낭만주의의 예술이론 전체는 절
대적인 반성매체를 예술로서, 좀 더 정확히 말하면 예술의 이념으로
서 규정하는 데에 의거하고 있다". 이 경우 예술이 반성매체라 불리
는 이유는, 그것이 하나의 독자적 체계를 이루면서 그 안에서는
개별개념들의 항상적인 매개적 연관이 작동하고 있기 때문이다.
아테네움 시대(1800년까지)의 프리드리히 슐레겔에게 이 같은 체계
는 근원적으로는 '사유하는 존재자의 자기인식'에 바탕을 둔 것으
로 이해된다. 사유는 항상 자기반성을 동반한다. 즉 사유는 어떠한
대상으로 향하든 간에 늘 사유하는 자신을 사유한다. 이와 같이
자기 자신에로 굴절되고 자기 자신 속으로 돌아가는 사유의 작용이
반성이라고 불린다. 주목해야 할 것은, 이러한 반성이란 자신의 부
단한 연관 덕분에 자기 자신 속에서 운동하는 하나의 매체라는 점이

며, 그러한 반성매체 중 하나가 곧 예술이라고 이해되는 점이다.

자기의식 내에서 자기 자신에 대해 반성하는 사유라는 것은 본래 피히테로부터 비롯된 인식론적 '근본사실'이다. 슐레겔과 노발리스의 인식론은 특히 이 점에서 피히테의 최초의 저작 『학문론의 개념』(1794)과 긴밀한 유사성을 갖는다. 이 저작에서 반성은 어떤 형식에 대한 반성으로 규정되는 한편, 이 형식 자신을 다시금 내용으로 삼는 형식이 가능한 것 또한 자유의 행위, 즉 반성에 의해서라고 분석된다. 그리하여 서로 상대방 속으로 이행하는 두 의식형식(즉 '형식'과 '형식의 형식' 또는 '지知'와 '지의 지') 간의 연계에 의해, 이제 반성은 하나의 직접적이고 확실한 인식을 얻는다. 바꿔 말하면 직접적 인식의 유일한 대상은 반성에 의해 서로 상대방 속으로 이행하는 두 의식형식이다. 반성에 의한 형식적인 것의 자기인식의 구조 속에서 직접적 인식을 발견한 피히테를 벤야민은 높이 평가하고, 이것을 '근원적인 신비적 형식주의'라고 부른다. 초기낭만주의자들은 이 형식주의를 보다 철저하게 자연 및 예술이론의 기초로 삼고 있지만, 반면 피히테는 1797년에 '지성적 직관'이라는 새로운 개념을 도입함으로써 직접적 인식 대신에 직관적 인식의 기초를 확립하는 쪽으로 나아갔다. 여기에서 양 진영의 입장은 결정적으로 갈리는 것으로, 벤야민에 따르면 피히테는 이로부터 자아의식의 영역 내에 자신의 사상을 국한시키게 된다.

'반성'에서 '직관' 쪽으로 원리의 중심점을 옮긴 피히테와는 달리, 슐레겔과 노발리스에게 반성은 직관이 아니라 어디까지나 "체계적인 사유, 개념적 파악의 기반이다". 이는 반성이 인식의 직접성이라는 계기 외에 인식과정의 무한성이라는 계기를 보증하고 있기 때문이다. 초기낭만주의자들의 인식론은 피히테가 반성의 원原형식으로 생각한 '사유의 사유'라는 입장을 넘어, '사유의 사유의 사유 등등'이라는 입장을 적극적으로 옹호한다. 제2차 반성단계로부터 제3차 반성단계로의 이러한 무한한 전개(본서 45쪽 옮긴이 주 참조)는 벤야민의 표현에 따르면 '진행의 무한성'이 아니라 '연관의 무한성'이다. 그것은 각각의 반성들이 그 자신 속에서 직접적인 동시에 또한 "무한히 (조밀하게) 서로 연관 맺고 있는"(휠덜린) 체계이다. 그리고 이러한 체계는 '매개된 직접성'의 구조로서, 낭만주의적 반성이 구성하는 '절대적인 것'[절대자]에 다름 아니다. "반성은 절대자를 구성하되, 더욱이 그것을 하나의 매체로서 구성한다". 이 경우 절대자는 자아의 입장 그 자체의 근원이라는 의미에서 '원原자아 Ur-Ich'라고도 불린다. 그렇지만 그것은 자아를 절대자로 삼는 입장이 아니라 그러한 자아의식의 틀 바깥으로 넘어간 입장이다. "자아로부터 자유로운 반성이 예술이라는 절대자 속에 있는 반성이다". 물론 반성이라는 기능은 절대자의 매체 내부에서 수행되는 것이므로, 절대자는 반성의 객체임과 동시에 반성 그 자신의 기반이다. 그리하여 반성이 절대자를 구성한다는 것은 절대자의 이 매개적 구조 자체를 조명하고 명료화하는 일이다. 이 경우에도 절대자가 반성에 앞서 존재하는 것은 아니다. 반성은 존재 전체의 근원적 형식이기 때문에, 반성 이전의 상태라는 것은 생각될 수 없다. "반성은 논리적으로 최초의 것이다".

반성에 의해 구성되는 매체로서의 체계 또는 절대자가 예술[의 이념]이라고 말할 때, 좀 더 분명히 밝혀두어야 할 측면은 다음과 같다. 무엇보다도 여기서 일컫는 '체계'라 함은 결코 보통의 의미에서의 체계가 아니라는 점이다. 슐레겔이 겨냥하는 것은 절대자의 체계적인 파악이 아니라 오히려 체계라는 것의 절대적인 파악이다. 그에게 체계들은 기성 체계의 형태로 나타나기 이전의 체계, 말하자 면 체계의 맹아상태에서의 체계이다. 따라서 그러한 체계들은 일반 자가 아니라 개체들과 같은 것이다. 체계에의 접근이 이러한 수준에 놓여 있을 때 그것은 모든 지식의 전달가능성을 부정하는 논리로까 지 나아간다. 하지만 이 개체들의 '비직관적인 가시화'가 나타날 수 있는데, 그것은 바로 "절대적으로 개념적인, 즉 언어적인 사유"에 서이다. 사유의 논증성과 직관성 중 어느 하나가 아니라 이 양자의 매개 자체, 곧 신비적인 개별 개념들이야말로 근원적인 체계 자체이 다. 즉 "반성은 체계의 절대적 파악의 지향작용이며, 이 작용에 적합 한 표현형식이 개념이다". 이러한 신비적 개념, 용어법의 대표적인 예가 '기지', '아이러니', '선험론적 포에지', '마술적 관념론', '단편' 등이다. 또한 더 나아가 낭만주의에서의 '비평' 개념 역시 이들 신비 적 용어법의 전형적인 경우에 해당한다.

이제 낭만주의적 비평 개념에 대해 살펴보기로 하자. '비평' 혹은 '비평적'이라는 말은 초기낭만주의자들이 가장 빈번하게 사용하고 있는 전문용어이다. 본 논문이 '예술비평'이라는 개념의 문제사적 분석에 관계하는 것 또한, 이 개념이 낭만주의의 비교적^{秘教的}인 주요 개념을 이루는 동시에 낭만주의의 본질이 이 개념의 변천 가운데서 보다 선명하게 파악될 수 있기 때문이다.

본래 '비평^{Kritik}' 개념이 낭만주의에 도입된 것은 칸트의 비판철 학을 통해서이다. '비판^{Kritik}'이라는 개념은 칸트의 저서를 통해 이 미 젊은 세대에게 마술적인 의미를 얻고 있었다. '비판' 개념의 적극적인 의미에서 칸트가 기존의 독단적 합리론과 회의적 경험론을 종합한 자신의 입장을 '비판주의'로 칭했다면, 이제 슐레겔이나 노발리스는 일체의 속박을 넘어 사유를 고양시키는 것을 '고차의 비평주의'라 부른다. 또한 비평 개념의 소극적인 계기를 낭만주의는 칸트로부터 보존하고 이를 활용하고 있다. 즉 비평의 작업에는 결코 완결이란 있을 수 없다는 것, 이 작업의 필연적인 불충분함과 불완전성이라는 것을 그들은 비평이라는 이름과 함께 암시한다.

또한 이러한 비평개념이 낭만주의의 예술 및 그 작품에 도입되었을 때, 종래의 '예술판정가'라는 표현 대신에 '예술비평가'라는 표현이 비로소 성립한다. 예술작품은 더 이상 '미적 쾌'나 '만족'에 의해 성립되는 취미의 대상이 아니다. 벤야민에 따르면, 여기에서 비평의 중점은 결코 개개 작품의 평가가 아니라 개개 작품이 다른 모든 작품들에 대해 그리고 마침내는 예술의 이념에 대해 지니고 있는 관계들을 제시하는 데 있다. 따라서 비평은 그 본질에 대한 오늘날의 이해와는 판이하게, 한편에서는 작품의 완성, 보완, 체계화이고 다른 한편에서는 절대적인 것 내에서의 작품의 해소이다. 이 두 과정은 궁극적으로는 하나가 되거니와, 벤야민은 이것을 '내재적 비평'이라고 표현한다. 어떤 작품의 내재적 비평이 가능하다는 것은 예술이라는 매체 속에서 절대적으로 해소될 수 있는 그러한 반성이 작품 속에 존재해 있다는 의미이며, 바로 그러한 것이야말로 예술작품이라고 할 수 있는 것이다. 따라서 어떤 작품이 비평될 수 있다는 것만으로 그것은 그 작품에 대한 적극적인 가치판정을 의미한다. 또한 거꾸로 비평은 작품에 대한 외적 판정이 아니라 작품 그 자체의 완성이라고 할 수 있다. 왜냐하면 작품이 자기 자신을 완성하는 것, 작품이 자기 자신을 반성하고 그 반성의 풍부한 전개를 통해 진정 작품 자신이 되는 것이 곧 비평이기 때문이다. 비평은 사실상 예술작품 자신의 반성을 전개함으로써 그 또한 예술작품에 대한 실험을 수행하는 것이다. "비평은 원리적으로는 작품과 구별될 수 없다"는 벤야민의 진술은 이러한 맥락에서 비로소 이해될 수 있다.

이러한 이유에서 초기낭만주의자들의 '예술비평' 개념이 딛고 있는 메타역사적인 지향점을 정확히 파악하는 일이야말로 이 논문의 핵심 사안이다. 중요한 사실은, 오늘날의 이해로는 '비평'이란 가장 주관적인 것으로 여겨지지만, 낭만주의자들에게 비평개념은 취미판단에 의한, 작품의 어떤 특수한 주관적인 평가와는 관계가 없다는 점이다. 이와 관련해, 슐레겔의 예술이론에서 중요한 함의를 갖는 '아이러니' 개념 역시 지금까지는 오로지 그의 주관주의적 편향의 증거로서만 평가되어 왔지만, 가령 '형식의 아이러니화'는 주관주의나 유희와는 무관하고 오히려 한정되어 있는 작품을 절대자로 동화하는 것, 한정된 작품의 몰락을 대가로 그것을 완전히 객체화하는 일과 관련되어 있다는 점이 지적된다. 벤야민에 따르면, 형식의 아이러니는 작품 자체에서의 어떤 객관적인 계기로서, 예술의 정신에서 유래하는 것이지 예술가의 의지에서 유래하는 것이 아니다. 그리고 이 형식은 비평과 마찬가지로 반성 속에서만 나타날 수 있는 것임은 자명하다. 지금까지의 서술을 통해, 이제 예술작품을 일정한 규준이나 척도에 따라 판정한다는 사고방식 및 이와 반대로 천재의 무법칙성의 정당함에 대한 신뢰에 의해 일체의 판정을 거부한다는 사고방식 양자가 낭만주의의 내재적 예술비평의 입장에 의해 극복된다. 이는 칸트가 독단론과 회의론 양자의 비판적

종합을 이루어낸 것과 같이, 한편에서는 레싱, 빙켈만, 고트셰트의 독단론적 경향과 다른 한편에서는 질풍노도의 예술론의 회의론적 경향 양자의 극복을 시사하는 것이다.

소략하게나마 이 논문은 마지막 부분에서 낭만주의 예술이론과 괴테의 예술이론 간의 차이를 통해 양자의 비평개념이 어떠한 문제사적 연관에 서 있는지를 드러내고자 한다. 벤야민이 보기에, 이 차이는 전자에서의 예술의 형식의 이념과 후자에서의 예술의 내용의 이상 (또는 원^原현상) 간의 차이이다. 즉 낭만주의자들이 일컫는 모든 것은 예술의 이념에 대한 규정이요 그 이념에서의 형식에 관한 것으로, 그들은 형식을 유한한 반성이 지닌 통일성과 무한성 간의 변증법적 운동과 동일시하며, 아이러니, 작품, 비평 등 형식의 가장 중요한 개념들 역시 이러한 인식에 기초하여 파악한다. 따라서 이들 개념의 과제는 '방법의 아 프리오리', 즉 작품 내에서의 작품에 대한 반성을 찾아내고 석출하는 일이다. 반면 이와는 다른 성질의 통일, 즉 내용들의 통일을 뜻하는 예술의 '이상'을 묻고 있는 것이 괴테의 예술철학이다. 괴테에게서 이상이란 마치 그리스의 아홉 뮤즈의 이념처럼 순수 내용들의 어떤 한정되고 조화로운 불연속체 속에서 스스로를 표명한다. 그런데 문제는 순수 내용들 자체, 즉 원상^{原像}들은 예술작품 속에서 지각될 수는 있지만 직관될 수는 없다는 점이다. 또한 "예술 자체는 예술의 원상을 창조하지 않는다." 원상들은 오히려 예술이 창조가 아니라 자연인 바의 그러한 영역 속에 근거하고 있다. 그렇다면 작품 속에서 직관될 수도 없고 창조될 수도 없는 원상들에 대해 개개의 작품들은 말하자면 우연히 성립하는 것이 된다. 다시 말해 이 원상의 영역으로부터 작품에로의 이행은 존재하지 않는다. 괴테가 작품들과 무제약적인 것의 관계에 대한 사고를 더 이상 진전시키지 않았던 까닭이 여기에 있다. 또한 그가 예술작품의 비평가능성을 원리적으로 부정하고 또한 이를 미해결인 채로 방치하는 연유 또한 이로부터 이해될 수 있다. 하지만 절대적 형식으로부터 개개 작품에로의 이행을 예술이라는 매체 속에서 적극적으로 고려한 낭만주의자들로서는, 이러한 괴테의 학설에 대해 근본적인 공격을 하지 않을 수 없다. 그들의 예술이론 내에서 예술작품은 결코 이상과 단절된 토르소가 아니라 생동적인 선험론적 형식 내에서의 유동적이고 가변적인 계기이다. 작품의 가변적인 모습은 그러나 비평을 통해 영원한 것이 된다. 따라서 예술작품의 비평은 단지 가능하거나 필연적인 것만이 아니라 그것이야말로 작품의 완성이자 절대화이다.

*

우리말 번역 용어와 관련하여 몇 마디 덧붙이고자 한다. 우선 'Poesie'라는 용어는 그 다의적 함축 탓에 그대로 '포에지'로 옮긴 경우가 거의 대부분이다. 다만 '전진적인 보편시', '선험론적 시' 등 몇몇 경우에 때때로 '시詩'로 번역했으나 이 또한 '포에지'라는 말과 병용했다. 'intellektuelle Anschauung'이라는 용어는 칸트에서는 '예지적 직관'으로, 피히테에서는 '지성적 직관'으로 구별해 옮겼다. 이는 이 동일 용어가 양자의 철학 내에서 각각 상이한 함의를 갖는 데 따른 것이다. 벤야민은 슐레겔에서는 이 용어가 두 우리말 번역어의 중간적 함의를 띤다고 이해한다. 그 밖에 셸링에서와 같이 슐레겔에게서 특별히 '관념적인 것'과 '실재적인 것'의 통일이라는 측면을 시사하는 'transzendental'이라는 용어는 '선험론적'으로 옮겼으며, 'a priori'와 'Potenz'는 그대로 '아 프리오리'와 '포텐츠'로 옮겼다.

비평에 의한 작품의 완성이라는 낭만주의적 예술의 이념을 본받아 번역에 의한 텍스트의 완성이라는 것이 기해질 수 있으면 좋으련만, 그와 반대로 여전히 우리말 문맥의 디테일한 측면에서 어색하거나 불분명한 대목들이 눈에 띌지 모른다. 최선을 다해 정확한 번역이 되도록 노력하였지만 번역상의 의문점이나 오류에 대해선 언제든지 독자 여러분들의 지적을 수용하고자 하며, 또한 번역 정정사항이 있으면 그때마다 '도서출판 b' 홈페이지에 올려놓기로 약속한다. 아무쪼록 이 책이 독일 초기낭만주의 및 벤야민의 비평이론에 대한 비판적 이해에 작은 디딤돌이 되기를 바라는 마음이다.

늘 그렇듯이, 고맙고 든든한 분들의 성원과 도움이 이번 번역작업에도 커다란 힘이 되어 주었다. 더디기만 한 번역과 윤문 과정을 인내와 포용으로 떠받쳐준 도서출판 b의 조기조 대표, 편집및 교정 업무에 최선을 다해준 백은주, 김장미 선생, 그리고 성실한 번역과 학문 활동 및 동지적 연대감을 통해 역자의 귀감이 되어주는 이신철 선생, 이성민 선생, 정지은 선생 그리고 조영일 선생께 감사와 우정의 인사를 전한다. 올해 회갑을 맞이하신 나의 스승 이창환 교수님, 그리고 무한한 신뢰로 묵묵히 지켜봐준 아버님과 가족에게 또한 깊은 감사를 드린다.

2013년 7월
심철민

인명 찾아보기

독일 낭만주의의 예술비평 개념

초판 1쇄 발행 2013년 8월 26일
　　3쇄 발행 2022년 5월 26일

지은이 발터 벤야민
옮긴이 심철민
펴낸이 조기조

펴낸곳 도서출판 b
등　록 2003년 2월 24일 제2006-000054호
주　소 08772 서울시 관악구 난곡로 288 남진빌딩 302호
전　화 02-6293-7070(대) 팩시밀리 02-6293-8080
이메일 bbooks@naver.com 홈페이지 b-book.co.kr

ISBN 978-89-91706-49-1　　93100

정가_12,000원

* 잘못된 책은 교환해 드립니다.